Zur Künstlichkeit in der Literatur

Francesca Goll/Linda Puccioni (Hrsg.)

Zur Künstlichkeit in der Literatur

Lausanne - Berlin - Bruxelles - Chennai - New York - Oxford

Bibliografische Information der Deutschen Nationalbibliothek
Die Deutsche Nationalbibliothek verzeichnet diese Publikation
in der Deutschen Nationalbibliografie; detaillierte bibliografische
Daten sind im Internet über http://dnb.d-nb.de abrufbar.

Volume stampato con il contributo del Dipartimento di Filologia e Critica delle Letterature Antiche e Moderne dell'Università degli Studi di Siena - Dipartimento di Eccellenza 2018-2022 e 2023-2027

ISBN 978-2-87574-667-2 (Print)
E-ISBN 978-2-87574-668-9 (E-PDF)
E-ISBN 978-2-87574-669-6 (EPUB)
DOI 10.3726/b20066
D/2023/5678/24

©2023 Peter Lang Group AG
Verlegt durch Peter Lang Editions Scientifiques Internationales - P.I.E.,
Brüssel, Belgien
info@peterlang.com http://www.peterlang.com
Alle Rechte vorbehalten.

Das Werk einschließlich aller seiner Teile ist urheberrechtlich geschützt. Jede Verwertung außerhalb der engen Grenzen des Urheberrechtsgesetzes ist ohne Zustimmung des Verlages unzulässig und strafbar. Das gilt insbesondere für Vervielfältigungen, Übersetzungen, Mikroverfilmungen und die Einspeicherung und Verarbeitung in elektronischen Systemen.
Diese Publikation wurde einem Peer-Review unterzogen.

Inhaltsverzeichnis

Einleitung 7

Das Künstliche denken. Vorüberlegungen zu einer
Theoriegeschichte der Artifizialität 11
Stephan Kammer

Künstlichkeit oder Naturwissenschaft? Eine Analyse am
Beispiel von Musils Variationskreisel 31
Linda Puccioni

,Techno-Literatur' zwischen Kunst und Handwerk. Reflexionen
zur Künstlichkeit von algorithmisch generierter Literatur 39
Julia Nantke

Die widerwärtigen Modernitäten der Kunigunde. Körper
und Künstlichkeit in Heinrich von Kleists *Das Käthchen von
Heilbronn* (1808) 53
Francesca Goll

Unkreatives Malen: Die Landschaft und ihre technische
Reproduzierbarkeit in Kellers *Grünem Heinrich* 67
Simone Costagli

Kunstlicht und magischer Schatten. Künstlichkeitsverdunkelungen
in Zaubertexten der Gegenwart 83
Kay Wolfinger

„ein Sein im ‚vor' und ‚nach'". Die negentropische Wirkung
des Künstlichen in der Lyrik Max Benses 99
   ROSA COPPOLA

Einmal kurz in die digitale Welt und zurück. Zur Nachahmung
digitaler Künstlichkeit in *Bot. Gespräch ohne Autor* (2018) von
Clemens J. Setz und *QualityLand* (2017) von Marc-Uwe Kling 115
   ALESSANDRA GOGGIO

Einleitung

In einem Vortrag an der Durham University im April 2018, entwarf David Bates, Rhetorik Professor an der UC Berkeley, in seinem Vortrag „Human Minds and Machine Intelligence" eine Genealogie des Verhältnisses zwischen Mensch und Maschine und zeigte auf, wie die Externalisierung der Denkvorgänge durchaus Tradition hat.[1] Diese Fähigkeit, das Denken zu externalisieren sei, laut Bernard Stiegler, das Grundmerkmal, durch das sich Menschen von anderen Lebewesen unterscheiden.[2] In seinem Aufsatz, der sich wie ein Pamphlet liest, ruft Stiegler dazu auf, die Ambivalenz der Schreibvorgänge aus der Perspektive der Digitalisierung zu betrachten. Er plädiert für eine philosophische und juristische Neuausrichtung, die den technologischen Fortschritten gerecht werde. Dabei zitiert er den US-amerikanischen Informatiker Vinc Cerf, der digitale Technologie als *„an artefact which can change* – and which *never stops* changing" beschreibt.[3] Der Bezug auf Technologien, die sich in einem Prozess ständiger Veränderung befinden, sowie der Effekt – denn darauf zielt Stiegler eigentlich ab – den diese auf die Entwicklung der Individuen und der Gesellschaften haben, legt den Vergleich mit der Schrift nahe. Eigentlich, so scheint uns, wird hier eine Debatte aufgegriffen, die durchaus nicht ganz neu ist: welche Rolle spielen Kulturtechniken, wie z.B. die Schrift, bei der Entwicklung der Gedanken? Die wittgensteinsche Vermutung eines Zusammenhangs zwischen Schreib- und Denkvorgängen wurde im Jahr 1962 von Douglas Engelbart, dem Erfinder der Computer-Mouse, pointiert bestärkt: „[T]he development of automated external symbol

---

[1] Es handelt sich dabei um die Tagung „Our Uncommon Ground: Modern Languages and Cultures for the 21st Century", die vom 16. bis 18. April 2018 an der Durham University stattgefunden hat.

[2] Bernard Stiegler, „Die Aufklärung in the Age of Machine Intelligence" in *Computational Culture* 2 (28 September 2012) <http://computationalculture.net/die-aufklarung-in-the-age-of-philosophical-engineering/>.

[3] *Ibid.*

manipulation is a way of amplifying our thought power".[4] Fächert man diese Debatte über den Beitrag von technologischen Hilfsmitteln, digitalen Kompetenzen und Operationen zur Entwicklung der Menschheit weiter auf, so gelangt man schließlich zur Kernfrage des Verhältnisses von Natur und Kunst. Im *Historischen Wörterbuch der Rhetorik* wird es auf den Punkt gebracht:

> Da ein Künstler, der sich an den Regeln seiner Kunst orientiert, keine naturnotwendigen Handlungen vornimmt, sich mit diesen aber notwendigerweise zu der Natur in ein Verhältnis setzt (z.B. der Natur folgt oder sich durch seine Handlungen von ihr abhebt, aber nicht grundsätzlich gegen sie handeln kann) und so ein Kunstwerk schafft, das Strukturähnlichkeit mit der Natur aufweist, ist in jedem Kunstwerk bereits ein Wechselverhältnis zwischen Natur und Kunst angelegt.[5]

Diesem Wechselverhältnis sind die Aufsätze im vorliegenden Band gewidmet, wobei die Formen der Künstlichkeit, denen die Wissenschaftler: innen nachgehen, sich durchaus unterscheiden. Stephan Kammer eröffnet die Diskussion und den Band mit seinem erhellenden theoretischen Aufriss, in dem er zunächst die massive semantische Verschiebung des Begriffs „Künstlichkeit" und seine potenzierte Negativierung in der Gegenwart aufzeigt. Künstlichkeit als eigenständige Kategorie – also in Abkehr von der Gegensätzlichkeit bzw. Symmetrie zur Natur – könne, so Kammer, nur dann gefasst werden kann, wenn sich der Fokus auf die Fertigkeiten verschiebt. Linda Puccioni problematisiert in ihrem Aufsatz zu Musils Variationskreisel das Verhältnis von Kunst und Naturwissenschaft anhand der Experimente zur subjektiven Farbempfindung, in denen er versucht, die Methoden der Naturwissenschaft auf andere Bereiche des Lebens anzuwenden. Während es bei Puccioni vordergründig um das von Musil durchgeführte Verfahren in der Form des Experimentes geht, widmet sich Julia Nantkes Analyse der Künstlichkeit algorithmisch generierter Literatur. Sie wendet Bruno Latours ANT als Analyseschlüssel auf zwei literarische Texte an, die sich an Jack Kerouacs Kultbuch *On the Road* (1957) orientieren, aber dabei sehr unterschiedlich vorgehen: einerseits Gregor Weichbrodts 2014 als PDF und Print on Demand publizierter

---

[4] Douglas C. Engelbart, *Augmenting Human Intellect Studies: A Conceptual Framework*, October 1962 <https://dougengelbart.org/content/view/138/>.

[5] *Historisches Wörterbuch der Rhetorik*, hg. von Gert Ueding, Band 6 (Tübingen: Max Niemeyer Verlag, 2003), Eintrag: Natura-ars-Dialektik, S. 139–171 (hier S. 140).

Text *On the Road*, andererseits Ross Goodwins *1 the Road* (2018). Dem Fokus auf Fertigkeiten als Dreh- und Angelpunkt des Verhältnisses von Natur und Künstlichkeit wird auch in Francesca Golls Beitrag zu Heinrich von Kleists *Käthchen von Heilbronn* (1808) nachgegangen, der sich ebenfalls detailliert mit anderen Schriften Kleists, wie „Über die allmähliche Verfertigung der Gedanken beim Reden" (1806), „Über das Marionettentheater" (1810) und „Brief eines jungen Dichters and einen jungen Maler" (1810) befasst. Um Malerei geht es im weitesten Sinne auch in Simone Costaglis Aufsatz, in dem die Reproduzierbarkeit der Landschaft in Gottfried Kellers *Der grüne Heinrich* (1855) analysiert wird. Costagli hebt hervor, dass Heinrichs Naturabbildungen um so erfolgreicher sind, wo sie nicht nach der Natur gemalt sind, sondern eine Vorlage reproduzieren. Das Verhältnis von Original und Kopie und technischer Reproduktion (und Reproduzierbarkeit) von Kunst und Landschaft wird aus dem Blickwinkel der Epigonalität der Epoche betrachtet. Lichtverhältnisse spielen in Kay Wolfingers Beitrag (auch) eine grundlegende Rolle. Er geht den Kaschierungen der Künstlichkeit in Zaubertexten der Gegenwart nach, der These folgend, dass die Textkonstruktionen an einer Verschleierung der Künstlichkeit der dargestellten Magie arbeiten, bei der es sich nicht um „reale Magie" handelt. Wolfinger geht in seiner Analyse auf Thomas Manns *Mario und der Zauberer* (1930), Daniel Kehlmanns *Beerholms Vorstellung* (1997) und Martin Mosebachs *Krass* (2021). Im Fall von Rosa Coppolas Studie zu Max Bense geht es eher weniger um Magie und mehr um das oben angesprochene Zusammenspiel von Sprache und Informatik, Poesie und Technik. Durch die Hinterfragung seiner theoretischen Positionen versucht Coppola, die zentrale Frage von Benses technisch-ästhetischem Ansatz zu erörtern, mit besonderem Augenmerk auf den Entropiebegriff. Die Konkrete Poesie wird auch in ihrem Beitrag angesprochen, doch widmet sich Alessandra Goggios Analyse der programmatischen Netzliteratur, also solchen Texten, in denen eine Nachahmung der Künstlichkeit eine zentrale Rolle spielt. Die beiden Texte *Bot. Gespräch ohne Autor* (2018) von Clemens J. Setz und *QualityLand* (2017) von Marc-Uwe Kling werden daraufhin untersucht, inwiefern und zu welchem Zweck sie digitale Formate im literarischen Text inszenieren. Dabei kommt Goggio zum Schluß, dass es darum geht, die Gefahren und Einschränkungen, welche die Künstlichkeit der digitalen Welt mit sich bringt, bloßzulegen und durch die produktive Künstlichkeit der Literatur zu konterkarieren.

Denkt man die Künstlichkeit aus dem Blickwinkel der Pygmalion-Episode in Ovids Metamorphosen, so merkt man, wie unproduktiv die starre Gegensätzlichkeit von Kunst und Natur ist: „ars adeo latet arte sua"[6] deutet auf eine Kunst, die täuschend echt ist. Es scheinen sich wesensverwandte Fragen durch die Literaturgeschichte zu ziehen, von Ovid bis Martin Mosebach – vielleicht ein Hinweis darauf, dass die Antworten ebenfalls in der Literatur zu suchen sind.

---

[6] Ovid, *Metamorphosen*, Vers 10, 252.

Das Künstliche denken. Vorüberlegungen zu einer Theoriegeschichte der Artifizialität[7]

Stephan Kammer

I.

Angesichts seiner eminenten Bedeutung und Allgegenwart in sämtlichen Lebensbereichen menschlicher Kulturen gibt es verblüffend wenige Versuche, dem Problem des *Künstlichen* theoretisch näher zu kommen. Zwar pflegt man sich über die technischen, politischen, ethischen oder ökologischen Konsequenzen zahlreicher Sachzusammenhänge Gedanken zu machen, in denen *künstlich* als qualifizierendes Beiwort auftritt – was aber jeweils dieses Beiwort genau bezeichne und welchen Anteil dieses Verständnis möglicherweise an den betreffenden Debatten habe oder haben müsse, bleibt dabei meist außer Acht. In bemerkenswertem Kontrast zu diesem schlecht ausgeleuchteten, unscharfen Bedeutungsspektrum, das den Versuch einer Begriffsgeschichte des Künstlichen vor große Herausforderungen stellte, steht die semantische Vielfalt des Terms. Überraschenderweise gilt das ganz besonders für die Periode *vor* dem scheinbar unaufhaltsamen, kaum einen Bereich aussparenden Siegeszug des Künstlichen auf dem Weg in die technische Hochmoderne. Und so kann man als Ausgangsbefund und gleichzeitig als Hypothese festhalten: Ein erster Problemhorizont für den Versuch, das Künstliche zu denken, eröffnet sich bereits in seiner Wortgeschichte.

---

[7] Die folgende Skizze gibt einen knappen Überblick über Ausgangsdiagnose und Programm eines umfangreicheren Essays, der unter dem Titel *Das Künstliche denken* selbständig veröffentlicht wird; die Publikation ist für Ende 2023 in Vorbereitung. Den Vortragscharakter der vorliegenden Ausführungen habe ich weitgehend beibehalten, was auch die sparsamen Fußnotenhinweise auf einschlägige Diskussionszusammenhänge jenseits des engsten Argumentationsgangs betrifft. – Ich danke den Teilnehmer*innen der Sieneser Tagung, vor allem aber auch denjenigen meiner Münchner Oberseminare seit dem Wintersemester 2017/2018 für die Diskussionen und zahlreichen Anregungen zum Nachdenken übers Künstliche.

»Das wort birgt [...] gewiss noch manche falte und schattierung seines begriffes, die [...] im vorigen keineswegs erschöpft sind«[8] (2714), liest man beispielsweise am Ende von fast vier eng bedruckten Lexikonspalten, die das *Deutsche Wörterbuch* der Brüder Grimm den Verwendungen des »zu kunst« (2711) gehörigen Adjektivs »künstlich« gewidmet hat. Seit dem Mittelhochdeutschen gebräuchlich, hat das Wort eine Bandbreite von Bedeutungen, Bedeutungsnuancen und Verwendungsweisen, die auf den ersten Blick wohl überraschen. Nicht weniger als vier weitgespannte und in ihrem Profil höchst unterschiedliche Grundbedeutungen zählt das Lexikon auf. So gehöre das Adjektiv erstens »zu *kunst* in der ältesten bed[eutung], d.i. wissenschaft« (2711). Es gelte also »*künstlich* gleich *wissenschaftlich*« (ebd.), welch letzteres sich erst im Lauf des 18. Jahrhunderts herausbilde.[9] Zweitens bilde *künstlich* das Adjektiv zu *Kunst* im Sinne von *Geschicklichkeit*. Was künstlich heißen darf, ist so gefertigt oder verrichtet, »wie es nicht jeder kann« beziehungsweise »wozu besondere kunst gehört« (2712); und nicht nur für die fraglichen Gegenstände und Praktiken kommt das Beiwort in Betracht, sondern auch für deren Urheber oder Akteure. Drittens beziehe sich das Adjektiv »ausdrücklich auch [auf] schön[e] kunst« (2713), wiederum ebenso für die »kunstarbeit selber« (2713) und deren »werkzeug[e]« (ebd.) wie für den Künstler. Diesem Bedeutungsspektrum, dem Beispiele und Kommentare des Wörterbuchartikels eine unübersehbare Drift ins Historische geben, wird eine vierte Grundbedeutung hinzugefügt, die mit einer bemerkenswerten Aktualitätsdeixis einsetzt: »Jetzt gilt es wesentlich, einseitig zu *kunst* in ihrem gegensatze zu natur«, hält das *Deutsche Wörterbuch* fest (2714). Diese Deixis wird sich im anschließenden Lemma »Künstlichkeit« wiederholen, das dem Eintrag zufolge »jetzt mehr tadelnd« verwendet werde.[10]

---

[8] *Deutsches Wörterbuch von Jacob und Wilhelm Grimm*, ND München 1984, s.v. »künstlich«, Bd. 11 [1873], Sp. 2711–2715. Einzelnachweise daraus durch Spaltenangabe im laufenden Text.

[9] Das wäre wohl schon aus der Perspektive des fortgeschrittenen 19. Jahrhunderts kommentarbedürftig. Damit verbunden ist nämlich auch die Umstellung vom Wissensparadigma der *artes* (zu dem das Adjektiv »künstlich« ebenso wie die »Kunst« zählt) auf das neuzeitliche System der ausdifferenzierten *Wissenschaften*. Sie erfolgt historisch parallel zu Bruch und Verschiebung im Verständnis des »Künstlichen«, um die es mir an dieser Stelle geht.

[10] *Deutsches Wörterbuch*, s.v. »künstlichkeit«, Sp. 2715 f., hier 2715.

II.

Zwei Beobachtungen gilt es angesichts dieser Revue der Bedeutungen und der daraus zu rekonstruierenden Bedeutungsgeschichte zu unterstreichen. Erstens ist leicht zu erkennen, dass sich die Bezugshorizonte dieser vier Grundbedeutungen massiv verschoben haben. Zunächst im Zuständigkeitsbereich der Epistemologie und der Kulturtechniken allgemein sowie in der Spezifizierung der schönen Künste angesiedelt, ist das Wort »jetzt« in die Ontologie gewandert. In seinen ersten drei, seinen historischen Bedeutungen also hat *künstlich* als mögliche Antwort dienen können, wenn es Handelnde, Praktiken oder Verfahrensweisen sowie deren Erzeugnisse und Werkzeuge auf die Systemreferenz zum Wissen, zu einer zugehörigen Fertigkeit oder zu Akten und Produkten einer Formgebung zu befragen gegolten hat. In der vierten, aktuellen Verwendung attribuiert *künstlich* eine Seinszugehörigkeit, die derjenigen des *Natürlichen* entgegengestellt wird. Und zweitens gewinnt sie offensichtlich *nur noch* aus dieser Gegenüberstellung ihr Profil, und zwar auf eine ganz bestimmte Weise: Die aktuellen Definitionen des Künstlichen, ihre Implikationen und ihr Gebrauch sind ausschließlich *negativ* gehalten, wogegen die historisch vorangehenden Bedeutungen allesamt die *Positivität* eines Wissens, einer Fertigkeit oder einer Verfertigung herausgestellt haben.

Die Bedeutungen und Belege, die das Wörterbuch der Brüder Grimm versammelt, unterstreichen somit einen radikalen Umbruch im Übergang zu dieser historisch letzten, mit der Erstpublikation des Wörterbuchbandes im Jahre 1873 schon zeitgenössischen Grundbedeutung. Dieser Bruch, der sich in der Sache wiederum ein gutes Jahrhundert vor dem Artikel vollzogen hat, sollte sich überdies als außerordentlich nachhaltig und stabil erweisen. An der »jetzt« geltenden Grundbedeutung und ihrer programmatischen Negativität dürfte sich nämlich in den vergangenen 150 Jahren kaum etwas geändert haben. Es ist ebenso wenig von der Hand zu weisen, dass sich die lexikalisch formulierte Oppositionsbeziehung zum Natürlichen einzig noch in unserer gegenwärtigen Verwendung des Adjektivs gehalten hat. Die reichhaltige Vorgeschichte des Worts scheint zur gelehrten Marginalie geworden zu sein, die es allenfalls beim Verständnis und der Erläuterung historisch entlegener Texte gelegentlich zu berücksichtigen gilt.

Eine zweite, daraus hervorgehende Erschwernis beim Unternehmen, das Künstliche zu denken, deutet sich in der rein negativen Bestimmung dieser vierten, aktuellen Grundbedeutung im *Deutschen Wörterbuch* bereits an. Da die Rede vom Künstlichen ins Register der Ontologie verschoben wird und sich ihr Gegenstand ausschließlich vom Gegensatz zur Natur her bestimmen lassen will, lässt sich das Verhältnis von Natürlichem und Künstlichem konzeptuell nicht so einfach in eine polare Dichotomie überführen, wie man das bisweilen vorschlägt und meist praktiziert. Zur »fundamentalen Orientierung« taugt die Unterscheidung deswegen auch dann kaum, wenn man sie wie beispielsweise Dieter Birnbacher in eine »Polarität von Gewordenem und Gemachtem« rückübersetzt und diese »nur lokal, nicht absolut« gelten lassen will.[11] Das Hauptproblem liegt nicht einmal daran, dass das Natürliche selbst eine Bestimmungsgröße von zweifelhafter Stabilität, sein Begriff »mehr- und nicht eindimensional« ist:

»Der Ausdruck ›natürlich‹ und seine sprachlichen Verwandten verhalten sich wie semantische Chamäleons: Sie passen ihre Färbung ihrer jeweiligen Umgebung an. Jedes Mal, wenn von ›natürlich‹ die Rede ist, geht es darum, einen Kontrast ins Blickfeld zu rücken und zwischen dem Natürlichen und seinem jeweiligen Gegenteil zu unterscheiden. Inhaltlich kann dieses Gegenteil, das Nicht-Natürliche, sehr verschieden ausfallen, je nachdem, welcher Gegenbegriff intendiert ist: das Übernatürliche, das Widernatürliche, das Kulturelle, das Technische, das Unechte oder das Gezwungene.«[12]

Aufgrund der puren Negativität seiner Bestimmung schlägt diese Mehrdimensionalität auf das Künstliche zwar durch und potenziert gewissermaßen deren Effekte: wie soll je das Künstliche zu fassen sein, wenn es als Negativ einer selber nur relationalen, überaus volatilen Positivität bestimmt ist?

III.

Eine der Konsequenzen aber, die aus der potenzierten Negativität dieser Definition hervorgeht, besteht in einer bei weitem nicht nur pragmatischen Asymmetrie beziehungsweise, aus der Gegenperspektive formuliert, einer illusionären Symmetrie von »Natürlichem« und »Künstlichem«. Künstlich heißen uns zum einen die oft genug als

---

[11] Dieter Birnbacher, *Natürlichkeit*, Berlin, New York 2006, S. 3.
[12] Ebd., S. 6 f.

defizitär verstandenen, meist zumindest suspekten Surrogate für Dinge und Sachverhalte, über deren Natürlichkeit wir uns zum anderen erst dann überhaupt Gedanken zu machen beginnen, wenn diese Surrogate uns mit ihrem partiellen Fehlen oder gar ihrer gänzlichen Abwesenheit konfrontieren. Die zugrundeliegende Opposition scheint sich damit konzeptuell zum Verhältnis zwischen dem Künstlichen und dem *echten* oder *eigentlichen Gegenstand* zu verschieben, mit dem wir das Natürliche stillschweigend zu identifizieren oder zu ersetzen pflegen. Künstliche Fingernägel, Wimpern beispielsweise nehmen wir nicht ohne weiteres als Dinge wahr, die sich von *natürlichen* Fingernägeln oder Wimpern unterscheiden, sondern zunächst einmal von Fingernägeln und Wimpern *überhaupt*. Ohne den Katalysator ihrer Surrogate schiene uns deren Qualifikation als natürlich ja eine schiere Tautologie. Und das gilt verblüffenderweise selbst dann, wenn diese Natürlichkeit wie beispielsweise im Falle von Fingernägeln oder Wimpernhaaren kunstvoll beschnitten oder gefärbt sein sollte und deren natürlicher Zustand uns womöglich so irritierend vorkäme wie die Gestalt von Grimmelshausens Bärenhäuter, der aufgrund eines eingegangenen Paktes sieben Jahre lang selbst auf elementare Körperpflege, darunter selbstverständlich auch Nägelschneiden und Haarpflege, verzichten muss: Er wurde, so lesen wir, »in solcher Zeit von Haut / Haar / Bart und Nägeln / ein solcher abscheulicher Unflaht / daß er dem Geist selber ähnlicher sahe als einem vernünfftigen Menschen / der nach Gottes herrlichem Ebenbild erschaffen worden«.[13] In seiner natürlichsten Gestalt wäre der Mensch, so Grimmelshausens bedenkenswerte Überlegung, womöglich eher ein Double des Teufels als dasjenige Gottes.

Die Überlegung, dass wir es bei dem, was wir als Natur zu bezeichnen pflegen, zu einem großen Teil mit »Biofakten« zu tun haben, wie das Nicole Karafyllis genannt hat, muss unterm Zeichen des Anthropozän buchstäblich planetare Dimensionen einbegreifen. Die Paradoxien, die eine derartige Hybridisierung dessen, was ontologisch als natürlich gelten soll, für die normativ verstandene Negativität des Künstlichen mit sich bringt, werden aber auch im deutlich kleineren Maßstab sichtbar – und sie werden umso besser sichtbar, je komplexer die Bezugsgröße der Negativbestimmung gehalten ist und je schroffer damit die Asymmetrie

---

[13] Hans Jacob Christoffel von Grimmelshausen, »Der erste Beernhäuter [...]«, in: ders., *Werke*, Bd. 2, hrsg. von Dieter Breuer, Frankfurt am Main 1997, S. 319–331, S. 325 (Zeicheninventar und Satz des Zitats sind normalisiert).

zwischen dem als *natürlich* Geltensollenden und dem *künstlich* von ihm sich Unterscheidenden zutage tritt. Ein gutes Beispiel dafür ist die 2008 formulierte Verordnung des Europäischen Parlaments und Rates über Aromen und »Lebensmittelzutaten mit Aromaeigenschaften«.[14] Deren Präliminarien und Artikel lesen sich stellenweise beinahe wie die Groteske einer Rückgewinnung des Natürlichen in einem Sachzusammenhang, in dem Natur logisch betrachtet gar nicht vorgesehen ist und deswegen »die Verwendung des Begriffs ›natürlich‹« sich »[b]esondere[n] Anforderungen« ausgesetzt sehen muss (Art. 16) . Denn ausweislich ihrer Definition werden »Aromen [...] verwendet, um den Geruch und/oder Geschmack von Lebensmitteln zum Nutzen für den Verbraucher zu verbessern beziehungsweise zu verändern« (7), man bewegt sich also von Anfang an jenseits jedes sogenannt naturbelassenen Lebensmittels (dessen *Natürlichkeit* mit Blick auf Züchtung, Anbau, Ernte und gegebenenfalls Verarbeitung selbstverständlich unabhängig davon selber höchst fraglich zu sein pflegt – das betrifft im übrigen auch Biogemüse). Erst recht gilt das aber für die diffuse Kategorie des Aromas selbst: es jhandelt sich dabei um eine hybride, kulturell höchst unterschiedliche, historisch wandelbare, für die soziale Distinktion nicht weniger als fürs Kulinarische bedeutsame Bezugsgröße von Geruch und/oder Geschmack, die aller Wahrscheinlichkeit nach überhaupt keinen Sitz im Nicht-Artifiziellen beanspruchen darf.[15] Das »Goutieren von Speisen« kann demzufolge, wie Pierre Bourdieu es formuliert hat, geradezu als »Urbild einer jeden Ausprägung von Geschmack« und damit eines sozial hergestellten und kulturtechnisch vermittelten Zugriffs auf Welt gelten.[16] Gemäß den älteren Wortbedeutungen also wäre jeder Gebrauch und Genuss von Aromen im Paradigma des Künstlichen angesiedelt. Und doch sollten nun laut Verordnung »Aromastoffe oder Aromaextrakte

---

[14] Verordnung (EG) Nr. 1334/2008, 16. Dezember 2008, in: *Amtsblatt der Europäischen Union* 51 (2008), L 354, 31. Dezember 2008, S. 1–7 <https://eur-lex.europa.eu/legal-content/DE/TXT/PDF/?uri=CELEX:32008R1331&from=DE> (05.03.2022). Zitate daraus werden mit der Abschnitts- beziehungsweise Artikelnummer direkt im Text nachgewiesen.

[15] Vgl. Wolfgang Schivelbusch, *Das Paradies, der Geschmack und die Vernunft. Eine Geschichte der Genußmittel*, Frankfurt am Main 1980; Constance Classen, David Howes und Anthony Synnott (Hrsg.), *Aroma. The Cultural History of Smell*, London, New York 1994; Stephan Zandt, *Die Kultivierung des Geschmacks. Eine Transformationsgeschichte der kulinarischen Sinnlichkeit*, Berlin, Boston 2019.

[16] Pierre Bourdieu, *Die feinen Unterschiede. Kritik der gesellschaftlichen Urteilskraft* [1979], Frankfurt am Main 1988, S. 142.

Das Künstliche denken. Vorüberlegungen

[…] dann als ›natürlich‹ gekennzeichnet werden, wenn sie bestimmten Kriterien entsprechen, die sicherstellen, dass die Verbraucher nicht irregeführt werden« (25). Was das im Einzelnen heißen kann, erhellen die Begriffsbestimmung in Artikel 3 sowie die Kennzeichnungsregelung in Artikel 16 der Verordnung: »Der Begriff ›natürlich‹ darf in Verbindung mit einer Bezugnahme auf ein Lebensmittel, eine Lebensmittelkategorie oder einen pflanzlichen oder tierischen Aromaträger nur verwendet werden, wenn der Aromabestandteil ausschließlich oder mindestens zu 95 Gew.-% aus dem in Bezug genommenen Ausgangsstoff gewonnen wurde« (Art. 16.4), heißt es da, wobei diese Gewinnung im Fall des »›natürliche[n] Aromastoff[s]‹ […] durch geeignete physikalische, enzymatische oder mikrobiologische Verfahren aus pflanzlichen, tierischen oder mikrobiologischen Ausgangsstoffen« (Art. 3.2.c) zu bewerkstelligen ist. Und trotz alledem kann der letztzitierte Artikel mit einer vollends tautologischen Definition schließen: »Natürliche Aromastoffe sind Stoffe, die natürlich vorkommen und in der Natur nachgewiesen wurden« (ebd.). Es stecken offensichtlich nicht nur beträchtliche Fertigkeiten in dieser definitorischen Natur, in der es Aromaträger gibt, sondern in diesen Definitionsversuchen selbst auch eine erstaunliche Bereitschaft, die aus der Asymmetrie zwischen dem Natürlichen und dem Künstlichen hervorgehenden Paradoxien auszublenden – bis hin zur ontologisch doch wohl sehr unbefriedigenden Umgehungsstrategie, die Frage nach dem Natürlichen zu einer des prozentualen Gewichtsanteils zu machen. Das ließe sich wohl generalisieren für die meisten Zusammenhänge, in dem wir auf Konfliktszenen zwischen diesen beiden nicht-symmetrischen Oppositionsbegriffen treffen können: Das Künstliche ist nicht einfach das Gegenstück zum Natürlichen und kann dies angesichts der problematischen Positivität dieser Bezugsgröße auch gar nicht sein. Anders gewendet: es ist, wenn überhaupt, das *nicht-einfache* Gegenstück zum Natürlichen (das allerdings ebenso von nicht-einfacher und, genauer besehen, womöglich von ähnlich negativer Beschaffenheit ist).

IV.

Eine Zwischenbilanz wäre zu ziehen: Das Künstliche unterliegt in der Neuzeit einem ontologischen Regime, das es in die Form einer unbestimmten Negativität mit programmatischen ebenso wie praktischen Auswirkungen zwingt. Das sind keine besonders erfolgversprechenden Voraussetzungen dafür, es als eigene, eigenständige Kategorie zu fassen.

Entsprechend schmal sind, wie erwähnt, die Bestände, wenn man nach zuhandenen Theorien des Künstlichen sucht. Die spärliche Quantität der Ansätze ist dabei, wenig überraschend, nicht das größte Problem. Denn erstens richten sich fast alle existierenden Ansätze beinahe umstandslos in exakt der eben skizzierten Dichotomie von Natürlichem und Künstlichem ein, die es doch theoretisch und historisch zuallererst zu durchdringen gälte. Zweitens zieht das ontologische *blackboxing* des Künstlichen auch die zu erwartenden pragmatischen Implikationen und Konsequenzen nach sich – insonderheit die (konzeptuelle oder implizite) Hierarchisierung der Beziehung zum Natürlichen. Wenn man für letzteres voraussetzungslose Priorität behauptet, wird das Künstliche keine andere Gestalt je annehmen können als die eines Derivats, einer Imitation, einer Täuschung, des illusorischen Trugs. Und selbst dann muss dies gelten, wenn dabei auf die denunziatorischen Absichten einer normativen Kritik des Künstlichen gar nicht gezielt wird. Gut beobachten kann man dies beispielsweise in den Arbeiten des italienischen Wissenschaftstheoretikers Massimo Negrotti; er gehört zu den wenigen, die tatsächlich Arbeiten explizit zur »Theorie des Künstlichen« vorgelegt haben.[17] Allerdings lassen schon die Titelkonstruktionen seiner seit den späten 1990er Jahren erschienenen Publikationen bisweilen erahnen, welchen Kurs auch Negrottis Auseinandersetzung mit dem Künstlichen steuert: Wenn von einer »Reproduktion der Natur« die Rede ist oder das Künstliche zum »Naturoid« erklärt wird, bleibt nur mehr wenig Hoffnung darauf, dass die darin vertretene Idee des Künstlichen über dessen neuzeitliche Restriktion hinausginge. Diesem kleinen Rest macht seine Definition alsbald den Garaus. Denn in der Tat versteht auch Negrotti alles Künstliche schlicht als Nachahmung von Natur. »Artificiale«, so lesen wir in seinem *Glossario minimo dell'artificiale*, seien zu nennen »oggetti, macchine o processi che intendono riprodurre, ad un dato *livello di osservazione*, la *prestazione essenziale* di un *esemplare* naturale, sulla base della sua *rappresentazione*«.[18]

Noch eine weitausgreifende, radikale Hierarchieumkehr zwischen Natur und Künstlichem, wie sie der französische Philosoph Clément Rosset in seinem Buch *L'anti-nature* versucht hat, vermag letztlich nicht

---

[17] Vgl. u.a. Massimo Negrotti, *La terza realtà. Introduzione alla teoria dell'artificiale*, Bari 1997; ders., *Artificiale. La riproduzione della natura e le sue leggi*, Rom 2000; ders., *Naturoids. On the Nature of the Artificial*, Singapur 2002.
[18] Negrotti, *La terza realtà*, 86.

dem Paradox der Negativität zu entkommen; das gilt noch dann, wenn dessen Konsequenzen wie bei Rosset bewusst sind und expliziert werden. Wer nämlich bloß die Vorrangigkeit des Künstlichen behaupte, wer also das, was in seiner Terminologie *l'artifice* heißt, gegenüber den Rationalisierungs- und Disziplinierungsabsichten der »Natur« herausstreiche, wer schließlich die kategoriale Kluft betone, die zwischen der Einrichtungen menschlicher Existenz und den ontologischen Naturunterstellungen liege, der setze, wenngleich mit umgekehrten Vorzeichen, beinahe gezwungenermaßen die Arbeit des »Naturalisten« fort: »D'une certaine manière, la conclusion de ce livre est de présenter l'artifice comme ›vérité‹ de l'existence, et l'idée de nature comme erreur et fantasme idéologique […]. Présenter le ›lieu‹ de l'existence humaine comme un domaine étranger à toute nature, c'est encore faire œuvre de naturaliste ; et même si ce lieu est ici recherché du côté de l'artifice, du factuel et de l'instable, c'est toujours une manière de ›foyer‹ qui est en vue.«[19] Das betrifft, wie Rosset ebenfalls hervorhebt, nicht zuletzt die modernistischen Gegenentwürfe, die man bis ins 19. Jahrhundert zurückverfolgen kann und deren Feier des Artifiziellen nicht selten mit einer aggressiven Disqualifikation der Natur einhergegangen ist. Mit einem *Lob des Schminkens*, wie es Charles Baudelaire ausgesprochen hat, oder den Überbietungsgesten des dekadenten Dandys Des Esseintes, deren Künstlichkeitsexzesse Joris Karl Huysmans Roman *À rebours* in gleichsam enzyklopädischer Absicht reiht, ist der asymmetrischen Negativität des Künstlichen jedenfalls nicht beizukommen.[20]

V.

Was also tun, um zur Positivität des Künstlichen zu gelangen? Mir scheint zunächst einmal, dass der eingangs resümierte Artikel des

---

[19] Clément Rosset, *L'anti-nature. Éléments pour une philosophie tragique*, Paris 1973, S. 311.

[20] Vgl. Charles Baudelaire, *Die Maler des modernen Lebens*, in: ders., *Sämtliche Werke/Briefe in acht Bänden*, hrsg. von Friedhelm Kemp und Claude Pichois, Bd. 5: Aufsätze zur Literatur und Kunst 1857–1860, Frankfurt am Main 1995, S. 213–258, hier S. 247–251; Joris Karl Huysmans, *À rebours*, in: ders., *Romans et nouvelles*, hrsg. von André Guyaux und Pierre Jourde, Paris 2019, S. 537–713. – Rosset, der den beiden französischen Schriftstellern den dänischen Philosophen Søren Kierkegaard zur Seite stellt, spricht von einem »artificialisme compensateur« (*L'anti-nature*, 90–101, Zit. 101).

Grimmschen Wörterbuchs den Weg weist: Man wird, grob gesagt, nur vom Fokus auf die *Fertigkeiten* her zu einem Konzept des Künstlichen gelangen können, das sich in der prekären Frontstellung zur Natur nicht erschöpft und sich von ihr nicht dominieren zu lassen braucht. Die (Theorie-)Geschichte des Künstlichen wäre also dem historisch variablen Verständnis der Fertigkeiten abzugewinnen, wobei sich dieses längst nicht immer und hinreichend aus den Selbstvergewisserungen dieser Fertigkeiten selbst erschließt, sondern hauptsächlich aus deren kultureller Beobachtung. Die Frage nach dem Verhältnis von Natur und Nicht-Natürlichem wird dabei vorgelagert und entschärft: Sie wird dort zu stellen sein und ist historisch auch stets dort gestellt worden, angefangen beispielsweise bei der Frage nach dem Verhältnis von »natürlichen« (also physischen und/oder psychischen) Voraussetzungen und »Ausbildung« im Rahmen der rhetorischen Systembildung.[21] Der Verzicht darauf, das Künstliche in der asymmetrischen Negativität gegenüber der Natur zu belassen, bedeutet also keineswegs eine Stellungnahme für die *anti-nature*, sondern ganz im Gegenteil einen reflektierten Einbezug der Natur in die Domäne des Künstlichen – einen Einbezug, der sich an den vertrauten Polarisierungen zwischen Natur und ihrem jeweiligen Anderen nicht mehr orientieren kann, weil solche situativen Differenzverhältnisse nur mehr den Status gewissermaßen schwacher, gleichsam performativer Ontologien beanspruchen, keinesfalls aber als Strukturierungsvoraussetzung für die anschließenden Reflexionen dienen können.

Mir scheint auch diese Fokusverlagerung den Weg zu einigen theoretischen Verbündeten zu weisen, die sich zwar nicht explizit als Theoretiker des Künstlichen einen Namen gemacht haben, aber vielleicht gerade deswegen um so mehr zum Denken des Künstlichen beitragen können: Im zwanzigsten Jahrhundert wären beispielsweise Gilbert Simondon zu nennen sowie vor allem Hans Blumenberg.[22] Dass die

---

[21] Vgl. zum Überblick den weit ausgreifenden Artikel von Florian Neumann, »Natura-ars-Dialektik«, in: *Historisches Wörterbuch der Rhetorik*, hrsg. von Gert Ueding, Bd. 6, Tübingen 2003, S. 139–171.

[22] Beide beginnen beinahe zeitgleich und unabhängig voneinander in den späten 1950er Jahren ihre Überlegungen zum Denken des Technischen zu formulieren. Vgl. nur Gilbert Simondon, *Du mode d'existence des objets techniques*, Paris 1958 ; Hans Blumenberg, »»Nachahmung der Natur«. Zur Vorgeschichte der Idee des schöpferischen Menschen« [1957], in: ders., *Wirklichkeiten in denen wir leben. Aufsätze und eine Rede*, Stuttgart 1981, S. 55–103 sowie die Beiträge in ders.,

Reevaluation des Künstlichen damit Nähe und Überschneidungen zu einer *Kulturgeschichte der Technik* aufweist, kann allein schon deshalb nicht überraschen, weil im entscheidenden historischen Paradigma der *artes* das Künstliche und das Technische dem selben Bedeutungsbereich entstammen – das Künstliche ist Produkt bzw. Art und Weise eines (richtigen, erfolgreichen) Einsatzes von Techniken. Wenn näher besehen allerdings gerade für die Neuzeit das Denken des Künstlichen nicht einfach in demjenigen des Technischen aufgeht, liegt das wiederum in der Eigengeschichte dieses letzteren Konzepts begründet. Das Relationsgefüge der Technik weist zwar strukturale Korrespondenzen zu demjenigen auf, das die neuzeitliche Geschichte des Künstlichen bestimmt, unterscheidet sich aber in wichtigen Bereichen und Aspekten wieder deutlich davon. Verantwortlich dafür sind, was an dieser Stelle nicht ausgeführt werden kann, wiederum Umlagerungen, Ausdifferenzierungen und Ausgrenzungen im umfassenden Bereich dessen, was der Begriff der *artes* regiert hat.

Man muss deshalb, wenn man einen Weg zur Positivität des Künstlichen einschlagen will, methodengeschichtlich *vor* der erwähnten Dislokation des Künstlichen aus den Zuständigkeitsbereichen der Epistemologie und der Techniken ansetzen – ansetzen da, heißt das, wo das Künstliche nicht oder, im historischen Rückblick formuliert, noch nicht unter der Alleinherrschaft der Natur steht. Ich will im Folgenden einen Schritt zurückgehen und die beiden historisch wichtigsten theoretischen Ausgangspunkte dieses Wegs skizzieren. Es handelt sich dabei sicher nicht zufällig um diejenigen Ansatzpunkte, aus denen sich historisch die Verständigung über die *téchnai*/*artes*/Künste überhaupt erst hervorgegangen ist: die Frage nämlich nach den Modi des Entstehens, Hervorgehens und Hergestelltwerdens, die in den Bereichen des Natürlichen und Künstlichen anzutreffen sind, sowie dann und daran anschließend diejenige nach dem Verhältnis zwischen artifiziellen und natürlichen Hervorbringungen.

Geistesgeschichte der Technik. Mit einem Radiovortrag auf CD, aus dem Nachlaß hrsg. von Alexander Schmitz und Bernd Stiegler, Frankfurt am Main 2009.

VI.

Für die Unterscheidung von Natürlichem und Künstlichem wird bis in die Gegenwart gerne die Differenzierung von *phúsis* und *téchnē* bemüht, die man in den ersten Kapiteln von Aristoteles' Physikvorlesung findet. Das »Gewordene« und das »Gemachte« sollen dabei jeweils die grundlegend divergierenden ontologischen Reviere des Natürlichen und Künstlichen besiedeln. Genauer besehen, verhält es sich allerdings mit den Bestimmungen der Vorlesung ein wenig vertrackter. Wichtig ist vor allem das Folgende: Aristoteles fokussiert im ersten Kapitel seiner *Physik* nicht so sehr auf eine Unterscheidung von Natur und Kunst. Er thematisiert vielmehr die Formen von Prozessualität, die in der Hervorbringung von Naturprodukten und Artefakten buchstäblich am Werk sind. »[J]edes Naturprodukt« nämlich, so führt er aus, habe »ein Prinzip seiner Prozessualität und Beharrung in ihm selbst«, ganz unabhängig davon, ob sich dieses Prinzip nun in Bewegung, Wachstum und Verfall oder einer qualitativen Veränderung manifestiere wie beispielsweise derjenigen vom Samen zur Pflanze. Artefakte hingegen besäßen »keinerlei in [ihnen] liegende Tendenz zu irgendwelcher Veränderung [ihrer] selbst« – es sei denn, diese Tendenz ginge aus den natürlichen Ausgangsmaterialien eines Artefakts hervor:[23] Fault, sagen wir, ein hölzerner Pfeiler, dann tut er dies als Holz, nicht als Teil einer Brückenkonstruktion. Die »Frage nach dem Begriff der Natur« wird also, wie das Hans Wagner in seinem Kommentar zur zitierten Stelle festhält, »als Frage nach dem Begriff des *Naturgebildes* und seiner Konstitutionsgründe« gestellt und beantwortet. *phúsis* sei dementsprechend »das Wesen jener Gegenstände, die selbst als solche Quell eigener Prozesse sind, also: immanenter Prozeßquell der Naturprodukte«, während Artefakte, die Erzeugnisse einer *téchnē* also, »Produkte andersgearteter Gründe« seien.[24] Doch so klar und handhabbar diese Unterscheidung zu sein scheint, so unabweisbar wird schnell der Verdacht, dass dabei nicht weniger als die Unterscheidung selbst die Korrelation der beiden Seiten von Belang ist. Schon im ersten Buch der *Physik* hat Aristoteles nämlich eine Typologie des Entstehens (*gígnesthai*)

---

[23] Arist. *phys.* II.1 192b. Hier zitiert nach: Aristoteles, *Werke in deutscher Übersetzung*, Bd. 11: Physikvorlesung, übers. von Franz Wagner, 5., durchgesehene Aufl. Berlin 1995, S. 32.

[24] Ebd., 384 u. 445 f.

gegeben, dessen »verschiedene Weisen« die besagte Differenzierung offensichtlich kreuzen:

»Entstehen durch Gestaltwandel [*metaschēmatísei*], wie es etwa beim Werden einer Bronzestatue vorliegt; Entstehen durch Zusatz [*prosthései*], wie es beim Wachsen vorliegt; Entstehen durch Wegnahme [*aphairései*], wie wir es vor uns haben, wenn aus dem Stein die Hermesfigur wird; Entstehen durch Zusammensetzung [*sunthései*], wie es im Werden eines Hauses gegeben ist; Entstehen durch qualitative Veränderung [*alloiósei*], wie es dort vorliegt, wo der Stoff (eines Gebildes) sich verwandelt.«[25]

Nicht nur in dieser Passage – deren Systematisierungskriterien strukturell überdies verblüffende Familienähnlichkeit mit den vier elementaren rhetorischen Änderungskategorien aufweisen (Hinzufügen, Weglassen, Umstellen, Ersetzen) – liegt der Verdacht nahe, dass bei der Parallelisierung und Korrelierung der Prozessualitäten sogar die künstliche Hervorbringung es sein könnte, die das Modell für die natürliche stellt. So hat wenigstens Sarah Broadies Lektüre der aristotelischen Naturphilosophie argumentiert und damit gewissermaßen die oben erwähnte Hierarchieumkehr im Verhältnis von Natürlichem und Künstlichem auch an Aristoteles vollzogen – bemerkenswert genug, gilt der Stagirit doch nach Rossets Auffassung immerhin als »le plus franchement naturaliste de tous les philosophes«.[26] Broadie kommentiert die Ausführungen der Physikvorlesung über die eben zitierten Prozessualitäten von *phúsis* und *téchnē* jedenfalls folgendermaßen: »Thus it is craft [i.e. *téchnē*; S.K.] that provides the model for nature, not the reverse.«[27] Ob man so weit gehen muss, will ich dahingestellt sein lassen. Ohnehin wäre mir die mit Blumenberg zu ziehende Konsequenz aus dieser Veränderungstypologie wichtiger, dass ihr gemäß und mit Blick auf eine Modelldifferenzierung »Natur und ›Kunst‹ [...] strukturgleich« sind.[28] Das aber kompliziert insbesondere die Formkriterien und Gestaltungsverfahren des Künstlichen genau dann, wenn sie der heuristischen Polarität natürlicher und künstlicher Hervorbringungen unterstellt werden sollen. Auf welches Hervorbringungsmodell man dann nämlich

---

[25] Arist. *phys.* I.7 190b. Zit. nach: *Werke in deutscher Übersetzung*, Bd. 11, 24 f.
[26] Rosset, *L'anti-nature*, S. 237.
[27] Sarah Broadie, »Nature and Craft in Aristotelian Teleology«, in: *Biologie, logique et métaphysique chez Aristote*, hrsg. von Daniel Devereux und Pierre Pellegrin, Paris 1990, S. 390.
[28] Blumenberg, »»Nachahmung der Natur««, 56.

setzt, ob auf zur Naturnachahmung reduzierte *mímēsis* (vgl. dazu den folgenden Abschnitt) oder auf dasjenige einer Überbietung (*aemulatio*) des Vorbilds oder auch auf eine Syntheseleistung – niemals liegen damit per se einfache Verhältnisse von Künstlichem und Natürlichem mehr zugrunde, geschweige denn resultieren sie aus solchen Modellannahmen. Aristoteles' Physikvorlesung demonstriert, dass die ontologisch scheinbar so klar geschiedenen Pole verfahrensbezogen immer schon kontaminiert sind. Nicht weniger kompliziert wird das Beziehungsgeflecht der Kategorien werden, wenn die christliche Reformulierung der aristotelischen Physik den beiden herkömmlichen Hervorbringungsgründen ein drittes Prinzip zugesellt, also der natürlichen *generatio* und der künstlichen *fabricatio* eine göttliche *creatio* vorlagert. Denn diesen »Begriff der ›Schöpfung‹« pflegt man nicht nur, wie ebenfalls Blumenberg schon unterstrichen hat, selbst wiederum »mit den kategorialen Mitteln des Strukturschemas der ›Nachahmung‹« auszulegen,[29] sondern er ist auch gemäß dem anthropomorphen Zuschnitt eines Schöpfer-Gottes in sich schon in hohem Maß anfällig für konzeptuelle Kontaminationen durch das Künstliche.

VII.

Dass an dieser Stelle der *mímēsis*-Begriff ins Spiel kommt, ist von Bedeutung. Man muss wohl auch ihn als eins der Schlüsselkonzepte, aber auch als eine der Hypotheken für ein positives Verständnis des Künstlichen betrachten. Das liegt daran, wenngleich nicht allein daran, dass in einem gewissen Sinn *mímēsis* wiederum eine ganz ähnliche konzeptgeschichtliche Verschiebung unters Dach der Natur erlitten hat wie das Konzept des Künstlichen selbst. Die Vorstellung, dass *mímēsis* als *Nachahmung* und insbesondere als *Nachahmung der Natur* zu begreifen sei, hat sich bekanntlich in den Malereidiskursen der italienischen Renaissance etabliert, und sie hat dann von dieser doch sehr speziellen Provinz im Reich der Künste aus ihren Siegeszug durch die neuzeitliche Ästhetik angetreten. Spätestens wenn im Jahre 1746 Charles Batteux in seiner Abhandlung *Les beaux arts réduits à un même principle* die Gesetze des neuen Regimes explizit macht, ist mit dieser »Einschränkung der schönen Künste auf Einen einzigen Grundsatz« (wie es Johann Adolf

---

[29] Ebd., 69.

Schlegels Übersetzung trefflich formuliert) die Okkupation vollzogen.[30] Was vormals im Plural *Schöne Künste* geheißen hat, gehorcht nun dem Singular der *Kunst*; was bisher den Prinzipien vielfältiger, spezifischer und differenzierter Fertigkeiten unterstellt gewesen ist, sieht sich nun dem Alleinregime der Naturnachahmung und einer ganzen Reihe daraus resultierender Anschlussparadoxien unterworfen. Dass beinahe gleichzeitig dazu und komplementär das Produktionsmodell des *Genies* auch schließlich die letzte im alten Sinne technische Instanz im Hervorbringungsprozess des Künstlichen naturalisiert, komplettiert dieses Alleinregime: *Nachahmung der Natur* kann und wird fortan als Maxime in den beiden Bedeutungsvarianten des Genitivs Geltung haben – Natur wird zum regulativen Objekt und Subjekt der Kunst und ihrer Hervorbringungen zugleich. Mit dieser Verschiebung aber ist auch eine Verengung, ja Entstellung des *mímēsis*-Begriffs verbunden, die für das Denken des Künstlichen bedeutsam ist.

Denn darin wiederholt sich nichts weniger als die Unterscheidung des Natürlichen und des Künstlichen selbst; beziehungsweise genauer: es *ist* diese Unterscheidung, die den Spiel- und Deutungsraum des *mímēsis*-Konzepts seit seiner Begründung in der Antike, erst recht aber mit dessen neuzeitlicher, ästhetischer Refiguration bestimmt. Auch in dieser Sache empfiehlt es sich, an den Ausgangspunkt des Konzepts selbst zurückzublicken. Einerseits ist nämlich bereits mit der frühesten und einer sehr prominent gebliebenen Begriffsausformung der *mímēsis* eine Hierarchie der Hervorbringungen verbunden, die außerordentlich anschlussbereit für die neuzeitliche Diskreditierung des Künstlichen, also für die eingangs hervorgehobene Negativität dieses Konzepts sein wird. Ich meine die platonische Stufenleiter der *mímēsis*, die vom ersten, göttlichen Werkmeister – zugleich Weltenschöpfer, *phutourgós* und *dēmiourgós* – über den Handwerker als Verfertiger zwar konkreter, aber der Idee nachgebildeter Hervorbringungen bis hinunter zum Bildkünstler reicht, dessen Nachahmungen bloße – und das heißt in diesem Zusammenhang: nutzlose – Abbilder der bereits in ihrer Beschaffenheit als Artefakte schon nachgeahmten Produkte sind. In den berüchtigten Ausführungen des zehnten Buchs der *Politeia* begründet bekanntlich das an dieser

---

[30] Charles Batteux, *Les beaux-arts réduits à un même principe*, Nouvelle éd. Paris 1747 ; ders., *Einschränkung der schönen Künste auf Einen einzigen Grundsatz*, aus dem Französischen übers. und mit einem Anhange einiger eignen Anbhandlungen versehen [von Johann Adolf Schlegel], Leipzig 1751.

Hierarchie ausgerichtete Verständnis von *mímēsis* den Ausschluss der nachmaligen Künste aus dem idealen Staatswesen, das die Erzählung erzeugt.

Als *Nachahmung* im Sinne einer nacheifernden, aber grundsätzlich an allen Ansprüchen und zugleich der Logik des ideellen Vor-Bilds scheiternden Kopie verstanden, erhalten aber andererseits letztlich alle Artefakte jenen nachrangigen ontologischen Status, wie er ganz vergleichbar in unserer heutigen, alltäglichen Verwendung des Epithetons *künstlich* allgegenwärtig ist. Bestenfalls, das heißt: im positiven Sinn als durch wissensgeleitete, regelbestimmte Praxis Hervorgebrachtes, wird Künstliches zu einer *mímēsis* ersten Grades. Entsprechende Gestaltungsprozesse bringen zwar Dinge hervor, die ohne sie nicht in die Welt gekommen wären, aber dennoch sind diese Dinge stets am Regulativ der ihnen voraus- und zugrundeliegenden Idee zu messen. Selbst das, was die Neuzeit Erfindung nennen wird, müsste in diesem platonischen Sinne deshalb als Nachahmung gelten – an dieser Stelle wäre noch einmal auf Negrottis Theorie des Künstlichen zu verweisen, die sich konzeptuell ganz exakt in diesen ontologischen Bahnen hält.

Diese platonische Hypothek wird auch das aristotelische *mímēsis*-Konzept tragen. Genauer müsste man wohl sagen: Vor allem wird diese Hypothek dessen Rezeption belasten. Denn die aristotelische *mímēsis* selbst legt eine durchaus eigenständige Modellierung betreffender Hervorbringungen nahe. Auch wenn sie sich bei der Herleitung und dem Geltungsbereich ihrer Argumentation diesbezüglich alles andere als einig sind, haben Hermann Koller, Jürgen Petersen und Stephen Halliwell eindrücklich aufgezeigt, dass die Übersetzung mit *Nachahmung* zum mindesten für den *mímēsis*-Begriff der aristotelischen Poetik, aber ziemlich sicher sogar für Aristoteles' Begriffsverwendung insgesamt vollkommen unangemessen ist.[31] Genau besehen bewegt sich diese letztere nämlich voll und ganz in einem Bedeutungshorizont, für den der Begriff der *Darstellung* in allen Belangen angemessener wäre als Nachahmung. Wie sonst wäre das von Wahrscheinlichkeit oder Notwendigkeit bestimmte Allgemeine zu verstehen, als das Aristoteles den Anlass dichterischer Hervorbringungen definiert? Wie sollte ein realiter in der Welt so

---

[31] Vgl. Hermann Koller, *Die Mimesis in der Antike. Nachahmung, Darstellung, Ausdruck*, Bern 1954; Jürgen H. Petersen, *Mimesis – Imitatio – Nachahmung. Eine Geschichte der europäischen Poetik*, München 2000; Stephen Halliwell, *The Aesthetics of Mimesis. Ancient Texts and Modern Problems*, Princeton, NJ, Oxford 2002.

wenig wie konzeptuell jemals stattgehabtes, also mögliches menschliches *Handeln* nachahmend mit beziehungsweise in *Sprache* gefasst werden, wenn als Mittel dafür allein die figurierte Rede der Handelnden, derer Beobachter oder diejenige des Dichters zur Verfügung steht? Aber trotz solcher geradezu handgreiflicher Unstimmigkeiten hat sich die Begriffskonfusion dauerhaft festsetzen können; sie hält auch mehr als ein halbes Jahrhundert nach Kollers Monografie sowohl in Übersetzungen als auch in Kommentaren zur aristotelischen Poetik an.[32] Man sollte sich also vom Insistieren der Devise nicht täuschen lassen: Die bis zum heutigen Tag anzutreffende konzeptuelle Einschränkung und Reduktion von *mímēsis* auf *Nachahmung* – und, damit verbunden, in der Neuzeit beinahe stets die Reduktion auf *Nachahmung der Natur* – bildet einen historischen Sonderfall, wenn man sich die Geschichte des facettenreichen Konzepts und seiner Verwendungen vor Augen hält. Die neuzeitliche Diskreditierung des Künstlichen als minderwertige bis täuschende Imitation von Natur aber bildet das Parallelunternehmen zu dieser konzeptuellen Beschränkung, das indes nicht auf den Bereich des Ästhetischen beschränkt bleibt.

VIII.

Was aber tut man und wonach sucht man, wenn man die Positivität des Künstlichen zur Ausgangsbedingung einer Theorie- und Gegengeschichte der Artifizialität macht? Dass eine solche Positivierung des Künstlichen bisweilen auf eine durchaus parteiische, vielleicht gelegentlich sogar polemische Gegenerzählung zum neuzeitlichen Regime des Natürlichen setzt, liegt nahe. Diese Akzentsetzung muss nämlich zum einen die eingangs erwähnte, Komplexität ungebührlich reduzierende Asymmetrie im Relationspaar des Künstlichen und Natürlichen heuristisch korrigieren. Zum andern aber scheint darin zwangsläufig das Desiderat einer umfassenden Problem- und Wissensgeschichte des Künstlichen in der

---

[32] Das gilt so gut wie uneingeschränkt für die weit verbreitete Übersetzung von Fuhrmann: Aristoteles, *Poetik. Griechisch-deutsch*, übers. und hrsg. von Manfred Fuhrmann, Stuttgart 1989. Aber selbst die vorzügliche analytische Übersetzung und Kommentierung von Arbogast Schmitt im Rahmen der deutschsprachigen Aristoteles-Werkausgabe verstrickt sich bisweilen in diese Paradoxie: Aristoteles, *Werke in deutscher Übersetzung*, Bd. 5: *Poetik*, übers. und erläutert von Arbogast Schmidt, Berlin 2008.

Neuzeit auf. Dass eine solche Geschichte noch aussteht, ist überraschend und fatal zugleich. Es überrascht angesichts der Prominenz, die in der Neuzeit den Sachverhalten des Künstlichen trotz all seiner Negativität (oder womöglich wegen ihr?) auf so gut wie allen Schauplätzen einer Aushandlung von Kultur zugestanden werden muss. Nicht nur aufgrund des legitimatorischen Bezugs zur Natur, den seit spätestens Mitte des 18. Jahrhunderts die Spielarten kultureller und gesellschaftlicher Selbstverständigung beinahe ausnahmslos unterhalten, sondern auch aufgrund der weitreichenden, vielfältigen konzeptuellen Vorgeschichte wird man sich über die Wiederkehr des Künstlichen nicht wundern dürfen – die ersten drei Wortbedeutungen des Grimmschen Wörterbuchs insistieren, auch wenn sie unter dem Regime der vierten stehen. Fatal ist das Fehlen einer Theorie- und Wissensgeschichte des Künstlichen aber gerade wegen dieser vierten Bedeutung und ihrer Konsequenzen, das heißt: wegen des Legitimations- und Hegemonieanspruchs, den das Natürliche noch in der Rede vom Künstlichen selbst stellt. Solche Normativität disqualifiziert das Künstliche umstandslos zum Un- oder gar Widernatürlichen, zum Falschen, Verstellten, zum Spielfeld von Täuschung und Betrug. Sie reduziert das Künstliche auf einen negativen Oppositionsbegriff, der die produktive Vielfältigkeit des Konzepts nicht annähernd abzubilden und zu fassen in der Lage ist. In dieser Überbelichtung verschwinden die Falten und Schattierungen, die schon Grimms Wörterbuch angemahnt hat. Und daran dürfte auch die jüngst virulente Perspektivumkehr wenig ändern, die das Künstliche in den Erwartungshorizont einer bisweilen dystopischen, vornehmlich aber euphorisch beschworenen und institutionell beförderten Teleologie von *big data, bioengeneering* und *high tech* stellt, die konzeptuell viel radikaler mit der Prämisse einer Naturnachahmung bricht, als das bisherigen Produktionsmodellen des Künstlichen möglich gewesen wäre.[33]

Wonach sucht man, wenn man diese Gegengeschichte der Artifizialität schreiben will?[34] Man wird erstens die Felder des *Wissens* vermessen müssen, auf denen seit der griechischen Antike Artifizialität

---

[33] Es ist, um nur schlaglichtartig ein Beispiel zu nennen, kein quantitativer Unterschied, ob man »künstliche Intelligenz« als Nachbau neuronaler Netze oder als rekursive Datenverarbeitung konzipiert, sondern ein qualitativer: ersteres wäre eine »Nachahmung« des Gehirns bzw. Nervensystems, letzteres eine »Darstellung« systemischer Handlungsweisen.

[34] Ein Versuch, die in Anm. 2 angekündigte *intellectual history* des Künstlichen an ihrer entscheidenden Umbruchstelle durch eine fokussierte literaturgeschichtliche

gefasst und bestimmt wird. Das beginnt bei den großen, mythologischen Kulturbegründungserzählungen und ihren Helden, Hephaistos oder Prometheus seien etwa genannt. Es gilt dabei ebenso das Paradigma der *téchnē*, beziehungsweise in der lateinischen Begriffstradition: der *artes* zu erkunden, in dem bis zum Beginn des 18. Jahrhunderts das Künstliche seinen von Übergriffen regulatorischer Natur weitgehend unangefochtenen systematischen Platz hat. Und schließlich wird die erwähnte »Einschränkung« dieser Künste auf die eine Kunst in den Blick genommen werden müssen; dies nicht zuletzt, weil sich darin nicht nur das neue epistemische Regime der Natur paradigmatisch artikuliert, sondern sich damit auch eine Ausgrenzung zahlreicher Fertigkeiten verbindet, die im Haus der *artes* sehr wohl ihren Platz gefunden haben, aus dem der Kunst aber nun verbannt werden. Zweitens wird die Positivität des Künstlichen reichhaltiges Material in einer *Reflexions- und Imaginationsgeschichte dieser Fertigkeiten* finden, wie ich das einmal nennen will. In der gesellschaftlichen Verständigung über Qualität und Modalität von Praktiken, beispielsweise in der Bewunderung oder Verdammung von Virtuosität, aber auch in der Sehnsucht nach oder dem Zurückschrecken vor Magie finden die Fertigkeiten ihren imaginativen Ort. Und schließlich werden es drittens die Aushandlungen von *Form- und Gestaltungsprozessen* selber sein, in denen die Positivität des Künstlichen aufscheint: die eben skizzierten Vorstellungen von *mímēsis* zwischen Darstellung und Nachahmung, die darstellerischen Überbietungsprogramme und -wettbewerbe der *aemulatio*, die Imaginationen der Synthese und des Synthetischen. Erst dann wird sich klären können, ob eine Geschichte des Künstlichen in der polemischen Geste der Anti-Natur verharren muss, um dessen Positivität zu retten beziehungsweise wiederherzustellen. Eins aber ist sicher: in der Abhängigkeit von der Natur, in der es heute noch steht, wird das Künstliche nicht mehr bleiben, wenn es zu seiner Geschichte gekommen ist.

Lektüre zu ergänzen, ist in Vorbereitung und wird erscheinen in: Stephan Kammer, *Simplicius artifex. Grimmelshausens Roman der Fertigkeiten* (2024).

Künstlichkeit oder Naturwissenschaft? Eine Analyse am Beispiel von Musils Variationskreisel

Linda Puccioni

I. Robert Musils frühe Jahre

Aufgrund der aufgeklärten und von einer ausgesprochenen Glaubenslosigkeit geprägten Atmosphäre im Elternhaus wurde Robert Musils Lebensweg schon seit seinen frühen Jahren an einer naturwissenschaftlichen Ausbildung orientiert. Er besucht zuerst die Militärschule mit Schwerpunkt auf Physik und Mathematik und beginnt danach eine Ausbildung zum Artillerieoffizier. Nachdem er 1897 sein Studium an Wiener Militärakademie abbricht, wechselt er an die Deutsche Technische Hochschule im Brünn, wo er später ein Maschinenbaustudium absolviert. Neben seinen naturwissenschaftlichen Studien, verfasst er in diesen Jahren seine ersten Erzählungen, welche einerseits von den Lektüren Nietzsches, Altenbergs, Maeterlincks und Emersons inspiriert wurden, andererseits das Resultat seinen Jugend- und ersten Liebeserfahrungen waren.[35] In der Hoffnung, eine Balance zwischen seinen theoretischen Kenntnissen und der Faszination für das menschliche Empfinden herzustellen, beginnt Musil 1903 ein Studium der Philosophie, Psychologie, Mathematik und Physik an der Universität Berlin. Im Februar 1908 promoviert er dort mit einer Arbeit über die Lehren Ernst Machs.

Musil wählt das Studienfach Ingenieurswissenschaft schon hier ganz bewusst. Er will einen Weg finden, der sich den naturwissenschaftlichen Methoden einerseits und gleichsam den Theorien durch empirisch-analytische Vorgehensweisen öffnet und verpflichtet. Der Musilsche Werdegang basiert, sowohl auf theoretischer als auch auf praktischer Ebene, hauptsächlich auf der naturwissenschaftlichen Methode des

---

[35] Vgl. Karl Corino: „Musil, Robert", in *Neue deutsche Biographie*, Bd. 18, Moller-Nausea, Berlin 1997, S. 632.

Experiments. So schätzt sich Musil selbst als einen, „der von den erkenntnistheoretischen Arbeiten der letzten 50 Jahren etwas weiß"[36].

Erst mit dem Studium der Philosophie und Psychologie findet Musil jedoch die für ihn richtige Berührungsstelle zwischen der Welt der Natur und der des Empfindens. Sein Wunsch war, seine technischen und naturwissenschaftlichen Kenntnisse mittels einer philosophischen Ausbildung zu festigen und zu vervollständigen. Er entscheidet sich bald für ein besonderes Fach, ein Spezialgebiet der Philosophie, und zwar die sogenannte experimentelle Psychologie. Diese verfolgt zu jener Zeit das Ziel, naturwissenschaftliche Methoden mit philosophischer Analyse zu verbinden. Die experimentelle Psychologie strebte mit Hilfe von Experimenten, Antworten auf die Frage nach den Abhängigkeitsbeziehungen von physischen und psychischen Elementen zu finden, d.h. ihre funktionellen Abhängigkeiten zu erforschen. Ausgangsannahme ihrer Experimente war dabei, dass sich menschliche Empfindungen mit Hilfe physikalischer Messmethoden feststellen lassen und in ihnen ein Äquivalent finden.[37]

Es geht also darum, das Experiment aus seinem reinen naturwissenschaftlichen Kontext herauszulösen, um eine andere Anwendung hinsichtlich der menschlichen Erfahrung zu schaffen.

II. Musils Variationskreisel

Innerhalb der experimentellen Psychologie wird das aus der Naturwissenschaft stammenden Experiment somit notwendiges Mittel, um die Beziehung zwischen physischen und psychischen Elementen theoretisch zu klären und gleichzeitig praktisch anzuwenden. Das Ziel, Naturphänomene durch physikalische Analysen zu untersuchen, sterbt Musil innerhalb seines Studiums mit großer Leidenschaft an, und beweist bald seine – sowohl theoretischen als auch praktischen – Kenntnisse durch die Konstruktion eines Farbkreisels.

Den sogenannten Farb- oder Variationskreisel entwirft Musil für seinen Freund und Kollegen Johannes von Allesch. Dieser

---

[36] Robert Musil: *Gesammelte Werke 8. Essays und Reden*, hrsg. v. Adolf Frisè, Rowohlt, Reinbek bei Hamburg 1981, S. 1044 f.
[37] Andrea Pelmter: *„Experimentierfeld des Seinskönnens" – Dichtung als „Versuchsstätte": Zur Rolle des Experiments im Werk Robert Musils*, Königshausen und Neumann, Würzburg 2008, S. 47.

experimental-psychologische Apparat verfolgt das Ziel, eine menschliche Fähigkeit oder Empfindung – in diesem Fall der Farbwahrnehmung – mit einem physikalisch experimentell basierten Vorgang zu verbinden, um dessen Wirkung auf die Psyche zu analysieren. Mit dem Musilschen Farbkreisel macht Johannes von Allesch Experimente zur Erscheinungsweise von Farben und stellt fest, dass die Versuchspersonen auffallend schnell zu Metaphern und anthropomorphisierenden Vergleichen neigten.

Musil beschreibt die Funktion seines Apparats folgendermaßen:

> es sind Apparate, welche man statt der teuren und umständlichen Spektralapparate benützt, wo es nicht auf feinste Genauigkeit ankommt. Ihr Prinzip ist aus der Schule bekannt. Man schiebt zwei farbige Blätter, von denen eines radial aufgeschlitzt ist, so ineinander, daß die Farbflächen in dem gewünschten Größenverhältnis zueinanderstehen; dann setzt man den Kreisel in Rotation, und sobald die Umdrehungsgeschwindigkeit groß genug ist, entsteht für das Auge die angestrebte Mischfarbe.[38]

Wie Musil notiert, geht es hier nicht um eine präzise Reproduktion der Farberscheinung. Sein Apparat bietet aber einen schnelleren und zügigen Vorgang, welcher sich von den anderen, älteren Apparaten unterscheidet:

> Der Nachteil aller älteren Apparate war nun der, daß man sie jedesmal anhalten und neu einstellen mußte, wenn man die Anteile der Grundfarben ändern wollte, um eine neue Farbenmischung darzubieten; und das Wesen des abgebildeten Apparates besteht eben darin, daß man das *nicht* tun muß, sondern die Änderungen während der Rotation durchführen kann und in der Lage ist, in beständigem Fluß jede Farbe vorzuführen, die sich aus zwei gegebenen Farben überhaupt herstellen läßt.[39]

Abgesehen von der Innovation und der tatsächlichen Rolle des Musilschen Variationskreisels innerhalb der experimentellen Psychologie, bleibt dessen Erfolg in der Forschung sehr umstritten und stellt sich sogar widersprüchlich dar. Einerseits wird berichtet, dass die Musilsche Konstruktion lange Zeit „zur Ausstattung aller psychologischer

---

[38] Robert Musil: *Gesammelte Werke 7. Kleine Prosa, Aphorismen, Autobiographisches*, hrsg. v. Adolf Frisè, Rowohlt, Reinbek bei Hamburg 1978, S. 944.
[39] Ebd.

Forschungslaboratorien Europas gehörte"[40], andererseits wurde geschrieben, dass Musils Apparat nur in so geringer Stückzahl produziert wurde, dass heute kein Exemplar mehr vorhanden ist[41]. Auch über den Kaufpreis des Variationskreisels bleiben Fragen offen. Entgegen Musils Aussage über ein gutes Verdienst – „Es glückte und es fanden sich Käufer für das Patent, das mit einem ganz netten Vermögen eintrug"[42] –, scheint sein Apparat fast doppelt so teuer als anderen gewesen zu sein.[43]

Allesch führt seine Experimente mit dem Musilschen Farbkreisel vom Herbst 1905 bis zum ersten Weltkrieg durch. Als Versuchspersonen wurden viele Studenten aus dem psychologischen Seminar herangezogen, Musil selbst lehnte eine Teilnahme an den Experimenten jedoch immer ab[44], hebt aber hervor, dass man „solche Farbkreisel zu allen möglichen psychologischen, physiologischen und physikalischen Zwecken"[45] verwenden kann. Es soll damit die Hypothesenhaftigkeit der Welt dargestellt werden. Die Rationalisierungen und bildhaften Vergleiche aus dem Bereich der subjektiven Farbempfindung werden bei Musil so als Enthüllungszynismen der Relativität jeglicher Wahrnehmung benutzt, um den Effekt erhöhter Wahrnehmbarkeit zu erzielen. Abstrakte Vergleiche und Analogien sind es, die Musil für eine „schärfere Konturierung der Dinge und Figuren"[46] nutzt.

Im Allgemeinen kann hervorgehoben werden, dass durch die Naturwissenschaften allein für Musil eine Antwort auf die Frage nach dem sogenannten „rechten Leben" nicht zu finden ist. Musil, genau wie der Protagonist vom *Mann ohne Eigenschaften* Ulrich, sieht die

---

[40] Hannah Hickmann: *Musils Essay „Literat und Literatur". Form und Gestalt in Wissenschaft und Kunst*, in *Kunst, Wissenschaft und Politik von Robert Musil bis Ingeborg Bachmann*, hrsg. v. Josef Strutz, Fink, München 1986, S. 34–50, hier 37.

[41] Karl Corino: *Robert Musil. Eine Biographie*, Rowohlt, Reinbek bei Hamburg 2003, S. 1533.

[42] Robert Musil: *Tagebücher, Aphorismen, Essays und Reden*, in *Gesammelte Werke in Einzelausgaben*, Bd. 2, hrsg. v. Adolf Frisè, Rowohlt Verlag, Reinbeck bei Hamburg 1957, S. 57.

[43] Pelmter, S. 51.

[44] Ebd.

[45] Robert Musil: *Gesammelte Werke 7*, S. 944.

[46] Helmuth Lethen: *Eckfenster der Moderne. Wahrnehmungsexperimente bei Musil und E.T.A. Hoffmann*, in *Robert Musils „Kakanien": Subjekt und Geschichte. Festschrift für Karl Dinklage zum 80. Geburtstag: Internationales Robert-Musil-Sommerseminar 1986 im Musil-Haus*, hrsg. v. Josef Strutz, Fink, München 1987, S. 195–229, hier 201.

Naturwissenschaft wie „eine Art Vorbereitung, Abhärtung"[47] und dass sich bei der Beschäftigung mit den Naturwissenschaften „nur eine Frage des Denkens wirklich lohne, und das sei die des rechten Lebens"[48].

Obwohl sich Musil der experimentellen Psychologie zuwendet, um einen Weg zu finden, das Empfinden durch exakte Messdaten zu analysieren, ist er am Ende von dessen Resultaten nicht befriedigt. Die Naturwissenschaft bleibt so weiterhin die Grundlage jeder – sowohl physikalisch als auch psychologischer – Art von Forschung. Er behauptet, dass, „wer kein Integral auflösen kann oder keine Experimentaltechnik beherrscht, [...] überhaupt nicht über seelische Fragen reden dürfte"[49].

Im Laufe seiner Studien erlernt und verbessert Musil mit der Zeit sowohl theoretische als auch praktische Methoden des Experiments und fängt bald an, die Naturwissenschaft als einfaches Instrument zu betrachten, welches erlaubt, sein Ziel auch in anderen Bereichen – also außerhalb der Naturwissenschaft – zu verfolgen. Innerhalb dieses Prozesses überzeugt die experimentelle Psychologie Musil jedoch nicht völlig. Vielmehr strebt Musil nach einer Übertragung der naturwissenschaftlichen Methode auf anderen als ihr zugehörigen Bereichen, welche einen Fortschritt oder eine Verbesserung des Lebens sowie eine Erweiterung der Erkenntnisse bringen können.

Die Kunst erscheint dafür als die richtige Möglichkeit. Musil sieht nun in der Kunst den richtigen Ort, das analytische Denken der Naturwissenschaft und der Technik mit den Fragen der Ethik und der Moral zusammenzubringen und sie dort erfolgreich anzuwenden.[50] Aus diesem Empfinden heraus entscheidet sich Musil, für eine Übertragung der wissenschaftlichen Methoden in einen nicht genuin wissenschaftlichen Bereich hinein – und zwar die Literatur.

III. Zwischen Naturwissenschaft und Künstlichkeit

Das höchste Ziel der Naturwissenschaft liegt darin, eine treue Reproduktion der Realität zu schaffen, um damit einen Fortschritt bzw.

---

[47] Robert Musil: *Der Mann ohne Eigenschaften*, Bd. 1, hrsg. v. Adolf Frisè, Rowohlt, Reinbek bei Hamburg 1978, S. 46.
[48] Ebd., S. 255.
[49] Ebd., S. 386.
[50] Pelmter, S. 54.

eine Weiterentwicklung im Leben zu ermöglichen. Naturwissenschaftler arbeiten empirisch, erforschen das Verhalten der Natur durch ein bestimmtes Mittel, und zwar das Experiment. Zu einem Experiment gehören also all jene Vorgänge, welche durchgeführt werden, um aus der unberührten Natur den erwünschten und angestrebten Prozess resultieren zu lassen. Dies ermöglicht die Regelmäßigkeiten dieser Vorgänge zu erkennen und daraus genaue Gesetzte abzuleiten, welche die Nutzbarkeit der Natur einsichtig machen. Die Kunst hingegen ist eine Anregung für das Empfinden, die eine solche Regelmäßigkeit unterläuft. Am Beispiel des Experiments kann weiter verdeutlicht werden, dass die Abgegrenztheit der naturwissenschaftlichen Prämisse und ihrer Gesetze nur scheinbar existiert: das Einwirken des Experimentators muss mit in das experimentelle Schema einbezogen werden, um eine kohärente Analyse zu ermöglichen. Dies kann mit den Erfahrungshorizonten und Verknüpfungen gleichgesetzt werden, die jedem – auf das menschliche Empfinden abzielende – Experiment zugrunde liegen. Musil hebt hervor, dass im Experiment Elemente ins Spiel kommen, die aktiver Natur sind. Die Erfahrung muss dabei als ein Einwirken, ein Herbeiführen betrachtet werden. Gerade so kommt der Erfahrung die Rolle eines Mediums zu, welches Naturgesetz und Empfinden gleichermaßen transzediert. Weder Kunst noch Naturgesetz sind von Erfahrungswerten isoliert zur Darstellung zu bringen. Gerade in diesem Spannungsfeld siedelt auch der Begriff der Künstlichkeit. Neben seiner Bedeutung als künstlerisch oder kunstvoll, verweist das Adjektiv „künstlich" auch an etwas nicht von der Natur geschaffenes, sondern vom Menschen gemachtem. Künstlich kommt auch von Kunst, das schöpferische Gestalten von Werken, und es bezeichnet das Nachgemachte im Gegensatz zum Naturgemachten. Künstlichkeit bezeichnet sowohl den Versuch, bestimmte repetitive Vorgänge maschinell auszulagern, als auch menschliche Fähigkeiten nachzuahmen und zu übersteigen.

Wenn nun der Begriff geschärft werden soll, dann stellt der Variationskreisel Musils eine potente Metapher, um dieses Spannungsverhältnis zwischen naturwissenschaftlicher Theorie und Empfindungen darzustellen. Es stellt sich die Frage, ob der Variationskreisel Musils, welcher ein Versuch der künstlichen Reproduktion des Empfindens anstrebt, als Kunst bzw. Künstlichkeit aufgefasst werden kann, oder ob der Apparat einen rein experimentellen Vorgang zeigt, welcher auf physikalischen, also naturwissenschaftlichen Prämissen basiert. Diese Frage erweitert sich durch eine allgemeinere Überlegung, ob

Künstlichkeit ein Gegenpol zur Naturwissenschaft ist, oder eher eine Erweiterung oder Ergänzung der Naturwissenschaft sei. Es öffnet sich somit die Frage, ob die Naturgesetze für sich stehend einfache leere theoretische Hüllen bleiben oder ob sie gerade daraus ihre Aussagekraft beziehen. Gerade weil Musil die naturwissenschaftlichen Gesetze auf die Sphäre des echten – im Sinne des inneren – Lebens zu übertragen versucht, ist sein Variationskreisel ein gelungenes Fallbeispiel für die Klärung und Annäherung an den Begriff der Künstlichkeit. Musil schafft es, die Erfahrungsgegenstände der menschlichen Psyche in seine Untersuchungen zu integrieren und ihre Rolle im naturwissenschaftlichen Prozess als Künstlichkeit aufzuzeigen.

In diesem Sinne kann Künstlichkeit als eine Art Vervollständigung der abstrakten Natur aufgefasst werden, indem sie die Übertragung der reinen physikalischen Ergebnisse auf die menschliche Sphäre ermöglicht. In dieser Perspektive dient Künstlichkeit als verbindendes und gleichsam trennendes Element zwischen Theorie und Empfindungen.

‚Techno-Literatur' zwischen Kunst und Handwerk. Reflexionen zur Künstlichkeit von algorithmisch generierter Literatur

Julia Nantke

1. KI und Literatur

Es ist ein Gemeinplatz im Diskurs über die so genannte Künstliche Intelligenz, dass man gerade mit dem zweiten Teilt dieses Terminus, der Intelligenz, sehr vorsichtig zu sein hat: Künstliche neuronale Netze und maschinelles Lernen liefern neue Erkenntnisse und produzieren Informationen anhand der Verarbeitung unüberschaubar großer Datenmengen, aber letztlich geht es dabei doch v.a. um Mustererkennung. Ist eine „problemlösende[] Entität" – so Daniel Kehlmann in seiner Stuttgarter Zukunftsrede *Mein Algorithmus und Ich* – schon als intelligent zu bezeichnen?[51]

Im Folgenden beschäftigt mich allerdings weniger die Frage nach der Intelligenz in der Maschine, sondern vielmehr der erste Teil des Terminus: Im Kompositum der *Künstlichen* Intelligenz oder auch der künstlichen neuronalen Netze markiert das spezifizierende Adjektiv einen Gegensatz, der auch bei Kehlmann anklingt, und zwar der Gegensatz zu einem Normalzustand, der keiner weiteren Spezifikation bedarf: *Künstliche* Intelligenz ist eben keine echte, also *menschliche* Intelligenz, wir haben es „eben *nicht* mit einem Menschen im Kostüm zu tun […], nicht mit einem netten Wall-E oder einem gefährlichen HAL. Sondern mit etwas viel Fremderem."[52]

Gerade, wenn es um Literatur und Wissenschaft geht, wird der menschlichen Intelligenz traditionell ein hoher Stellenwert eingeräumt,

---

[51] Daniel Kehlmann: *Mein Algorithmus und Ich. Stuttgarter Zukunftsrede*, Hamburg ²2021, S. 14.
[52] Kehlmann, *Algorithmus*, S. 13 f.

was mit der Annahme zu tun hat, dass für die Hervorbringung relevanter Ergebnisse in diesen Bereichen – also für die wissenschaftliche Erkenntnis ebenso wie für das bedeutsame literarische Werk – nicht nur Intelligenz, sondern vor allem Geist erforderlich ist. Diese moderne Vorstellung des eigenständigen, schöpferischen Menschen ist in Bezug auf die Literatur klassischerweise mit der Genieästhetik der Goethezeit verknüpft.[53] Hier findet die seit der frühen Neuzeit stetig gesteigerte Relevanz der Rolle des Autors für das literarische Schaffen ihren Höhepunkt im singulären Dichter-Genie Goethe und dessen literarischem *Alter Ego* Faust. Hannes Bajohr hat kürzlich überzeugend dargelegt, dass es eben diese an der Autorschaftsinszenierung des 18. Jahrhunderts geschulte Perspektive auf das literarische Schaffen ist, die zu einer reflexhaften Abwehr gegenüber dem Einsatz von Algorithmen in der Literatur führt, dass dieses Abwehrverhalten aber letztendlich auch auf einem Missverständnis in Bezug auf die Rolle der KI basiert. Bajohr bezieht sich dabei auf Daniel Kehlmanns Schilderungen seines gescheiterten kollaborativen Schreibprojekts mit dem Sprachalgorithmus CTRL der Firma Alphabet Inc. (ehemals Google). Kehlmanns Begründung für das Scheitern des gemeinsamen Schreibens bezieht sich offensichtlich auf den Zielpunkt des in sich geschlossenen Werks, welches gleichermaßen das Ergebnis und den Nachweis genialer Autorschaft darstellt.[54] „Ich habe keine Geschichte vorzuweisen, die ich mit CTRL verfasst hätte und die gut genug wäre, dass ich sie als *künstlerisches Werk*, nicht bloß als *Produkt eines Experiments*, veröffentlichen könnte."[55]

Bajohr verweist im Anschluss darauf, dass diese verkürzte Gegenüberstellung von „künstlerischem Werk" und „bloßem Experiment", die Kehlmann vornimmt, die Möglichkeit ausschließt, „dass man mit Maschinen anders Literatur machen kann oder vielleicht sogar muss, statt sie über das Stöckchen der eigenen Poetik springen zu lassen".[56] Problematisch ist also potentiell die inadäquate Kombination aus klassischer poetologischer Perspektive und experimenteller Schreibszene.

---

[53] Vgl. hierzu umfänglich: Jochen Schmidt: *Die Geschichte des Genie-Gedankens in der deutschen Literatur, Philosophie und Politik 1750–1945*. 2. Bde. Darmstadt 1985.
[54] Vgl. Hannes Bajohr: „Keine Experimente. Über künstlerische Künstliche Intelligenz", in: *Merkur* 75, 5 (2021), S. 33 f.
[55] Kehlmann, *Algorithmus*, S. 31 [Hvh. J.N.].
[56] Bajohr, *Keine Experimente*, S. 33.

Dies führt mich zu der Idee, eine andere konzeptuelle Perspektive einzunehmen, um das Funktionieren algorithmisch generierter Literatur besser beschreiben und potentiell auch plausibler ins Verhältnis zu vollständig von menschlicher Intelligenz verfasster Literatur setzen zu können. Als Basis für eine solche alternative Sicht auf die Produktion von Literatur dienen im Folgenden grundlegende Konzepte der Akteur-Netzwerk-Theorie, kurz ANT. Ziel meiner Überlegungen ist es letztendlich zu diskutieren, inwiefern sich tatsächlich etwas spezifisch Künstliches ausmachen lässt, durch dass sich algorithmisch generierte Literatur auszeichnet, und wenn ja, worin genau in dieser Hinsicht die Differenz zu Literatur besteht, die ohne algorithmische Unterstützung entstanden ist.

2. Die ANT als methodologischer Zugang zu algorithmisch generierter Literatur

Die ANT wurde maßgeblich von dem Soziologen und Wissenschaftshistoriker Bruno Latour als eine Soziologie der Assoziationen entwickelt.

„Die ANT definiert das Soziale nicht als einen eigenen ‚Realitätsbereich', sondern als eine Assoziation zwischen Entitäten, die in keiner Weise als soziale erkennbar sind, außer in dem kurzen Moment in dem sie neu zusammengruppiert werden. [...] Also bezeichnet ‚sozial' für die ANT einen besonderen Typ von Assoziationen zwischen bislang ‚unassoziierten' Kräften."[57]

Diese Perspektive auf die Assoziationen zwischen Entitäten soll es ermöglichen, soziale Dynamiken besser beschreiben zu können, als dies Latours Meinung nach mit bestehenden theoretischen Konzepten seines Fachs möglich ist. Hierbei ist der Grundgedanke, dass sich die Entstehung von Produkten, Wissen, Erkenntnissen jeweils in Akteur-Netzwerken vollzieht: dynamisch gedachten Versammlungen von Objekten und Personen, die zeitweilig untereinander assoziiert werden. Ziel der ANT ist es, das Funktionieren dieser dynamischen Versammlungen aufzudecken.

---

[57] Bruno Latour: *Eine neue Soziologie für eine neue Gesellschaft. Einführung in die Akteur-Netzwerk-Theorie*, Frankfurt a.M. ⁴2017, S. 112.

Ein zentraler Punkt ist hierbei, dass Latour nicht nur menschliche Akteur: innen als Teil dieser Netzwerke konzipiert. Stattdessen werden Handlungsträger: innen ausschließlich dahingehend definiert, dass sie „einen Unterschied für eine gegebene Situation machen".[58] Das heißt, dass Objekte, Apparate und Maschinen als nicht-menschliche Akteur: innen gleichberechtigte Handlungsträger: innen der Akteur-Netzwerke bilden, die ebenfalls mit Handlungsmacht ausgestattet sind.

Ausgehend von dieser Grundidee betrachtet Latour im Rahmen seiner Science Studies v.a. das Funktionieren naturwissenschaftlicher Forschungsprozesse, also ebenfalls einen Bereich, der traditionell sehr eng mit der Vorstellung eines schöpferischen *menschlichen* Geistes verknüpft ist. Im Zuge seiner Beobachtungen der Tätigkeiten von Wissenschaftler: innen bei der Erhebung ihrer Proben sowie bei deren Verarbeitung im Labor zeigt Latour, wie stark hier menschliches Agieren, die Affordanzen und Widerständigkeiten von Objekten sowie der Einsatz von Maschinen miteinander verschränkt sind.

Auf der Basis dieser Beobachtungen entstand das mittlerweile in der Wissenschaftsforschung verbreitete Konzept der „Technoscience" oder Techno-Wissenschaft. In *Science in Action* definiert Latour: „I will use the word technoscience from now on, to describe all the elements tied to the scientific contents no matter how dirty, unexpected or foreign they seem".[59] Technoscience bezeichnet – so lässt sich anhand von Latours weiteren Ausführungen in *Science in Action* sowie anhand der bisher referierten Definitionsansätze zur ANT konkretisieren – die untrennbare Verschränkung von menschlicher Forschungstätigkeit und nicht-menschlichen Hilfsmitteln und Apparaturen, die in der wissenschaftlichen Praxis zum Einsatz kommen. Technik und Techniken wie bestimmte Modelle, Werkzeuge und Darstellungsformen sind als Ermöglichungsbedingungen von Untersuchungsmethoden sowohl an der Konzeptualisierung von Forschungsgegenständen und -szenarien als auch an der Produktion von Forschungsergebnissen entscheidend beteiligt. Besonders einfach lässt sich das an den Naturwissenschaften exemplifizieren: Einige naturwissenschaftliche Forschungsfelder existieren überhaupt erst in Korrelation mit bestimmten technischen

---

[58] Latour, *Soziologie*, S. 92.
[59] Bruno Latour: *Science in Action. How to follow scientists and engineers through society*, Cambridge, MA 1987, S. 174.

Entwicklungen z.B. in der Mikroskopie. ‚Verstehen' und ‚Erzeugen' sind dabei untrennbar ineinander verwoben. Relevant ist hierbei nicht zuletzt der Umstand, dass in dieser Perspektive geistige Erkenntnis als maßgeblich geprägt durch spezifische handwerkliche Praktiken erscheint.

Überträgt man diesen Ansatz auf die Produktion von Literatur, so erscheint letztere ebenfalls als Resultat einer gemeinsamen Praxis menschlicher und technischer Agentialität, welches nicht jenseits dieser Verflechtungen von menschlichen Akteur: innen, Werkzeugen, Apparaturen und konzeptuellen Modellen zu denken ist: Techno-Literatur also.

3. Techno-Literatur: zwei Beispiele

Zwei literarische Beispiele sollen im Folgenden exemplarisch verdeutlichen, was eine solche Übertragung der ANT auf die Literatur für deren Konzeptualisierung konkret bedeutet. Hierbei muss vorausgeschickt werden, dass viele verschiedene Formen algorithmisch generierter Literatur existieren, die sich in Bezug auf den jeweiligen Einsatz von und die Versiertheit im Umgang mit künstlichen neuronalen Netzen teilweise stark unterscheiden. Die Auswahl der im Folgenden diskutierten Beispiele ist zum einen inhaltlich begründet: Es handelt sich um zwei algorithmisch generierte Texte, die intertextuell auf Jack Kerouacs Kultbuch *On the Road* (1957) referenzieren. Zum anderen zeigen diese beiden Beispiele aber auch zwei sehr unterschiedliche Ausprägungen und damit ein gewisses Spektrum der Einsatzmöglichkeiten von Algorithmen bei der Literaturproduktion.

Gregor Weichbrodts 2014 online als PDF sowie als Print on Demand publizierter Text *On the Road*[60] basiert darauf, dass Weichbrodt die Wegpunkte, die Jack Kerouac in seinem gleichnamigen Roadtrip-Roman beschrieben hat, mit Hilfe der Google Direction Service API verarbeitet. Der Algorithmus von GoogleMaps errechnet eine Route anhand der im Roman genannten Punkte. Diese Vorgehensweise wird von Weichbrodt in einem kurzen Vorwort explizit gemacht. Das Ergebnis ist Konzeptkunst und stellt gleichzeitig eine ubiquitäre Alltagserfahrung

---

[60] Gregor Weichbrodt: *On the Road*. 2014, <https://0x0a.li/wp-content/uploads/2014/10/On-the-Road_0x0a.pdf>.

unserer postmodernen, digitalisierten Welt aus: eine 55 Seiten lange, englischsprachige Routenbeschreibung nach folgendem Muster:

„Head northwest on W 47th St toward 7th Ave. Take the 1st left onto 7th Ave. Turn right onto W 39th St. Take the ramp onto Lincoln Tunnel. Parts of this road are closed Mon–Fri 4:00–7:00 pm. Entering New Jersey. Continue onto NJ-495 W."[61]

Insgesamt – so behauptet Google laut Weichbrodt – dauert die Reise ca. 272 Stunden, also gut 11 Tage für 28.206,908 km. Allerdings bezieht der verwendete Algorithmus dabei keinerlei Verzögerungen ein, die in Kerouacs Roman dadurch zustande kommen, dass die Protagonisten die meiste Zeit über trampen. Dies ist nicht zwangsläufig der algorithmischen Anlage des Produktionsszenarios geschuldet, sondern v.a. dadurch bedingt, dass Weichbrodts Algorithmus keine Kenntnis der über die Wegpunkte hinausgehenden Romanhandlung hat. Die alltäglich mit GoogleMaps generierten Streckenbeschreibungen zeigen, dass der Algorithmus durchaus in der Lage ist, Verzögerungen, etwa durch Staus und Straßensperrungen, in seine Berechnungen einzubeziehen, wenn sie als Input-Informationen zur Verfügung gestellt werden.

Ein genauerer Blick auf das Netzwerk der an der Produktion von Weichbrodts *On the Road* beteiligten menschlichen und nicht-menschlichen Akteur: innen verdeutlicht die Vorstellung der Techno-Literatur. Als zentrale, an der Produktion beteiligte Akteur: innen lassen sich bereits auf einen ersten Blick benennen: neben Weichbrodt natürlich Kerouac und sein Roman, die Google Direction Service API sowie die weiteren mit deren Programmierung befassten menschlichen und nicht-menschlichen Akteur: innen, die Webseiten, die den Vertrieb und die Nutzung der Google-Produkte regeln und der Computer, auf dem Weichbrodt seine maschinelle Übersetzung ausgeführt, also den eigentlichen Text ‚seines' Romans erzeugt hat.

Diese Auflistung umreißt nur sehr grob die hier fokussierte Produktionsperspektive aus ANT-Sicht. Unter Einbezug der Präsentation von Weichbrodts Text auf der Webseite des Autorenkollektivs 0x0a wird das Akteur-Netzwerk noch deutlich komplexer.

Die gesamte Idee der aktualisierenden Übersetzung von Kerouacs Hippie-Romantik in die bedingungslose Effizienz algorithmisch ermittelter Idealrouten basiert bei Weichbrodt auf unserem mittlerweile

---

[61] Weichbrodt, *On the Road*, S. 9.

Abb. 1: Ross Goodwin: *1 the Road*, Einband

alltäglichen Erleben von Arbeitswegen, Ausflügen und Urlaubsreisen in als computerisierte Streckenanweisungen. Gestalterisch-konzeptuelle und handwerklich-technische Modellierung greifen hierbei im Alltag wie in der Literatur aufs Engste ineinander.

In *1 the Road* adaptierte 2017 auch Ross Goodwin, der sich selbst als „data poet" und „writer of writer" bezeichnet,[62] Kerouacs titelgebendes

---

[62] https://rossgoodwin.com sowie auf dem Einband von *1 the Road* (vgl. Abb. 1).

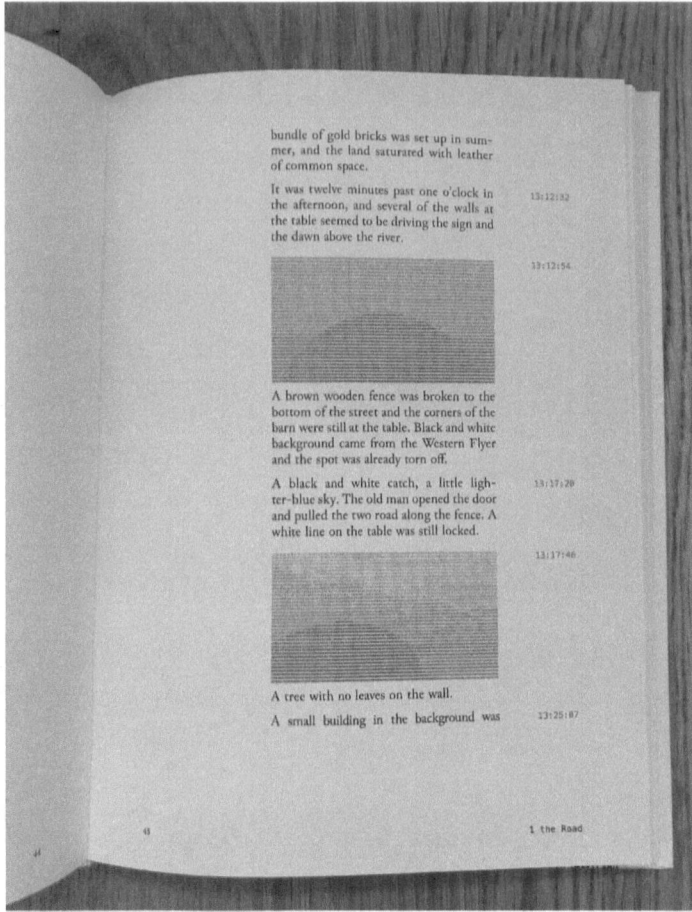

Abb. 2: Ross Goodwin: *1 the Road*, S. 45

Konzept des Unterwegs-Seins und unternahm dafür tatsächlich einen Roadtrip von New York nach New Orleans, eine Route, die auch bei Kerouac eine große Rolle spielt. Diese Fahrt ist Teil eines deutlich komplexeren produktionsseitigen Akteur-Netzwerks als soeben bei Weichbrodt festgestellt. Das Ergebnis erschien im Gegensatz zu Weichbrodts Text als klassische Print-Publikation im Verlag Jean Boîte Éditions.[63]

---

[63] Ross Goodwin: *1 the Road*. Paris 2018.

Entsprechend der Vorlage von Kerouac, der in seinem Roman seine eigenen Erfahrungen beim jahrelangen Trampen durch die USA verarbeitete, ging also auch Goodwin in Begleitung seiner Schwester, seiner Verlobten, einer Freundin und zweier Mitarbeiter: innen von Google auf einen Roadtrip. Eine Kamera auf dem Dach zeichnete die Umgebung auf, ein GPS-Sender ermittelte die Position und ein Mikrophon zeichnete die Gespräche und Geräusche im Inneren des Autos auf.[64] All die auf diese Art erzeugten phonologischen, visuellen und geografischen Daten dienten als Input für ein künstliches neuronales Netz – erneut von der Firma Alphabet Inc. (ehemals Google), die übrigens auch die Miete für das Auto, mit dem der Roadtrip unternommen wurde, sowie das übrige technische Equipment bezahlt hat. Den Algorithmus hatte Goodwin zuvor anhand von hunderten Büchern und Geokoordinaten darauf trainiert, natürlichsprachliche Sätze zu generieren. Das Trainingskorpus bestand aus Gedichten, Science Fiction und Texten, die Goodwin als „trostlos" beschreibt. Der Autor erklärt dazu, dass diese Texte dem Sound entsprächen, den er sich für seinen Roman vorgestellt habe. Er betont außerdem explizit, dass Kerouacs Roman selbst nicht Teil des Trainingsmaterials gewesen sei.[65]

Die von dem auf diese Weise trainierten Algorithmus anhand des Inputs aus dem Auto generierten Sätze und Bilder wurden unmittelbar während der Fahrt auf eine Papierrolle gedruckt. Einen Eindruck des als Buch publizierten Endergebnisses vermittelt Abb. 2.

Das Akteur-Netzwerk von *1 the Road* ermöglicht instantanes Schreiben, noch schneller als jeder Eintrag auf Social Media. Ausgeführt wird das Ganze allerdings gerade nicht digital, sondern auf einer – medienhistorisch dem seitenweise untergliederten Kodex vorgängigen – Papierrolle, für die wiederum Kerouacs Original-Rolle ebenso das Vorbild darstellt, wie für die direkte Koppelung von Erleben und Dokumentieren in der inszenierten Schreibszene von *1 the Road*.[66]

---

[64] Genaueres zum Versuchsaufbau bei Brian Merchant: „When an AI goes Full Jack Kerouac", in: *The Atlantic*, 1.10.2018, <https://www.theatlantic.com/technology/archive/2018/10/automated-on-the-road/571345/>.

[65] Vgl. wiederum Merchant: *When an AI*.

[66] Im Gegensatz zu dem, was Jörgen Schäfer ebenfalls mit Bezug auf die ANT für die Werke der Netzliteratur bemerkt hat, handelt es sich bei dem von Goodwins Apparatur produziertem Text also gerade nicht um „flüchtige Materialisierungen", die „mit einem veränderlichen Text emergieren". (Jörgen Schäfer: „Netzliteratur", in: *Handbuch Medien der Literatur*, hg. von Natalie Binczek, Till Dembeck und Jörgen Schäfer, Berlin/Boston 2013, S. 481–501, hier S. 481). Das Ergebnis ist bei

Im Vergleich mit dem Text von Gregor Weichbrodt erscheint das Akteur-Netzwerk, das für die Produktion von *1 the Road* veranschlagt werden kann, dichter und komplexer, weil neben dem ‚eigentlichen' Algorithmus mit den Trainingsdaten, dem Auto, den reisenden Personen, den Geräten zu Aufzeichnung von Ton und Bild sowie dem Mechanismus zur unmittelbaren Textproduktion deutlich mehr beteiligte Akteur: innen explizit in Erscheinung treten. Beiden Beispielen gemeinsam ist allerdings das Ineinandergreifen menschlicher und nichtmenschlicher Akteur: innen sowie die untrennbare technoliterarische Verflechtung von Konzepten, Handlungen und Apparaturen. So wird das Auto bei Goodwin als narrative Variante eines Google Street View-Autos zur Perspektiv-gebenden Figur und zum Akteur des Erzählens gleichermaßen, indem erst durch seine – selbstverständlich von Menschen initiierten – Bewegungen überhaupt erzählt, überhaupt Text produziert wird. In diesem Sinne bewirbt der Verlag das Buch auf dem Klappentext auch mit dem Slogan „1 the Road is a book written using a car as a pen." Den Input für dieses Schreiben liefern wiederum die menschlichen Gespräche im Auto ebenso wie die abgefilmte belebte wie unbelebte Umwelt. Und das maßgeblich für den Stil des Geschriebenen relevante Trainingskorpus, bestehend aus Literatur unterschiedlicher Genres, gehört ebenfalls dazu. Erdacht und initiiert ist das Ganze vom „writer of writer" Goodwin.[67]

Auch im wiederum singulären ‚Designer' des produzierenden Netzwerks besteht eine Parallele zwischen den beiden Beispielen, die leicht als Hinweis darauf zu deuten ist, dass das Autor-Genie – wie im Rahmen von Konzeptkunst durchaus üblich – durch die Hintertür zurückkehrt. Allerdings zeichnet sich insbesondere im Vergleich der Akteur-Netzwerke der beiden verschiedenen Projekte ein weiterer

---

Goodwin im Gegensatz zu den digital publizierten Werken der Netzliteratur ein stabiler Text, der bereits gedruckt produziert und ebenso als gedrucktes Buch publiziert wird.

[67] In dieser Konfiguration des Akteur-Netzwerks zeigt sich ein signifikanter Unterschied zu reinen Textgeneratoren, indem sich der Beitrag der menschlichen Beteiligten bei Goodwin keinesfalls „auf die Gestaltung von Regeln beschränkt", sondern menschliche und nicht-menschliche Akteur: innen kontinuierlich in einer komplexen Verschaltung von Input- und Output-Relationen miteinander interagieren [Kathrin Passig: „Wenn man nicht alles selber schreibt. Sieben Gründe für das Generieren von Texten", in: *Text + Kritik Sonderband: Digitale Literatur II*, hg. von Hannes Bajohr und Annette Gilbert (2021), S. 134, hier S. 120].

relevanter ‚Player' ab: In beiden Akteur-Netzwerken erscheint Google bzw. Alphabet Inc. als zentraler Akteur im techno-literarischen Feld und auch bei Kehlmann war es ja der Sprachalgorithmus von Alphabet Inc., mit dem er sein gescheitertes Kollaborationsprojekt durchgeführt hat.

4. Techno-Literatur historisch: Literarische Produktion im Akteur-Netzwerk

Der anhand der Beispiele angedeutete Einfluss eines der weltweit mächtigsten Technologie-Unternehmen auf die Produktionsszenarien von Literatur sollte einem vielleicht zu denken geben. Allerdings ist eine Verflechtung von literarischen und ökonomischen Akteur: innen ja bereits spätestens seit den Auftragsarbeiten der Hofliteraten der Frühen Neuzeit gute Tradition und die gesamte Entwicklung des modernen literarischen Feldes ist durch das Zusammenspiel ästhetischer, gesellschaftlicher, juristischer und ökonomischer Faktoren geprägt, wobei Literatur stets im Spannungsfeld von Instrumentalisierung und kritischer Reflexion entsteht. Diese Kontinuität verweist darauf, dass mit der hier vorgeschlagenen Akteur-Netzwerk-Perspektive auch die Produktionsszenarien klassischer Literatur als Versammlungen menschlicher und nicht-menschlicher Akteur: innen gedacht werden können: Ein solcher Blick eröffnet die Möglichkeit, das Feld der menschlichen Akteur: innen deutlich zu erweitern und am Produktionsprozess beteiligte marginalisierte Personen wie schreibende und korrigierende Sekretär: innen, Lektor: innen, Setzer: innen, Buchgestalter: innen, Verleger: innen in den Blick zu nehmen. Spoerhase/Thomalla haben außerdem gezeigt, wie eine Netzwerkperspektive auf die vermeintlich in genialer Einzelautorschaft entstandenen Werke des 18. Jahrhunderts dazu beitragen kann, diese als „Werke in Netzwerken" aufzufassen, deren Entstehung maßgeblich auf dem Austausch und den wechselseitig aufeinander bezogenen Kooperationspraktiken mehrerer Personen basieren.[68] Bereits diese Perspektivverschiebung macht den engen, vielleicht

---

[68] Vgl. Carlos Spoerhase und Erika Thomalla: „Werke in Netzwerken. Kollaborative Autorschaft und literarische Kooperation im 18. Jahrhundert", in: *Zeitschrift für Deutsche Philologie* 139, 2 (2020), S. 145–163. Vgl. hierzu in Bezug auf den Literaturbetrieb um 1900 auch Julia Nantke, Sandra Bläß und Marie Flüh: „Literatur als Praxis: Neue Perspektiven auf Brief-Korrespondenzen durch digitale Verfahren", in: *Textpraxis Sonderband „Digitale Verfahren in der Literaturwissenschaft"* (erscheint 2022).

unentflechtbaren Zusammenhang von Kunst und Handwerk von Geistesblitz und Arbeitspraktiken in der Literaturproduktion sichtbarer.

Darüber hinaus lenkt die technoliterarische Perspektive den Blick explizit darauf, wie die menschlichen Akteur: innen im Netzwerk mit nicht-menschlichen Akteur: innen interagieren und erst auf diese Weise bestimmte Produktionsszenarien ermöglicht werden. Exemplarisch dafür, wie durch diese Perspektivverschiebungen verstärkt medienhistorische und kulturgeschichtliche Faktoren in die Untersuchung von Literatur einbezogen werden können, kann die Einführung des Buchdrucks betrachtet werden, dessen Einfluss auf die Entstehung der modernen Wissenschaft Latour ebenfalls beschreibt.[69] Die Art zu schreiben und im literarischen Feld zu agieren hat sich durch die Erfindung und Weiterentwicklung des Buchdrucks mit beweglichen Lettern massiv verändert. Die mit dem Buchdruck verbundenen technischen Prozesse bestimmen nicht nur, wie Literatur als gedrucktes Buch aussieht, sondern die Möglichkeiten und Einschränkungen, die mit dem technischen Verfahren verbunden sind, führen zur Entstehung des modernen Literaturbetriebs mit Verlagswesen und Autorschaftskult und haben entscheidenden Einfluss auf die Entwicklung literarischer Gattungen – auf die Erfolgsgeschichte des Romans ebenso wie auf die Entstehung der visuellen Poesie – und damit die konkrete Ausformung von Literatur.[70] Hier kann also berechtigterweise von Techno-Literatur in reinster Form gesprochen werden.

Betrachtet man in diesem Licht die literarische Vorlage der bislang verhandelten algorithmischen Adaptionen, also Jack Kerouacs Roman

---

[69] Vgl. Andréa Bellinger und David J. Krieger: „Vorwort", in: *ANThology. Ein einführendes Handbuch zur Akteur-Netzwerk-Theorie*, hg. von ders. Bielefeld 2006, S. 9–11, hier S. 9.

[70] Vgl. Franziska Meyer: „Zur Konstitution von ‚Bedeutung' bei der Buchgestaltung. Aspekte einer Semiotik des Buches", in: *Text – Material – Medium. Zur Relevanz editorischer Dokumentationen für die literaturwissenschaftliche Interpretation*, Hg. von Wolfgang Lukas, Rüdiger Nutt-Kofoth und Madleen Podewski, Berlin/Boston 2014, S. 197–216; Rainer Falk und Thomas Rahn: „Ausweitung der Interpretationszone: Zur Einführung", in: *Text. Kritische Beiträge, Sonderheft Typographie & Literatur* (2016), S. 1–11 sowie aus medienhistorischer Sicht umfassend Elizabeth L. Eisenstein: *The printing press as an agent of change: communications and cultural transformations in early-modern Europe*, Cambridge, MA 1991; Roger Chartier: *The Order of Books. Readers, Authors, and Libraries in Europe between the Fourteenth and Eighteenth Centuries*, Stanford, CA 1994.

On the Road, gilt zum einen das soeben für den Buchdruck generell festgestellte: Zum Kultbuch avancieren konnte der Text nur aufgrund seiner Verbreitung als gedrucktes Buch. Zum anderen ist aber ebenfalls die Entstehungsgeschichte des Textes (auch wenn sie teilweise inszeniert sein mag) durch die Verflechtung von menschlichen Akteur: innen, Werkzeugen und Objekten geprägt: Kerouac – so will es die Legende – schrieb den Text im Drogenrausch binnen drei Wochen mit seiner Schreibmaschine auf eine einzige Rolle aus einzelnen Blättern zusammengeklebten Endlospapiers, um den kreativen Fluss nicht durch das Einspannen eines neuen Blattes Papier in die Schreibmaschine unterbrechen zu müssen.[71] Wie in Goodwins Adaption ist es also auch hier eine spezifische Schreibszene, deren materielle, physische und konzeptuelle Konfiguration Zeit, Raum und Schreibpraxis entscheidend mitbestimmt.[72]

Eine solche Interaktion von menschlichen und nicht-menschlichen Akteur: innen im Rahmen einer spezifischen Schreibszene kann wiederum letztlich für jegliche Form der Textproduktion veranschlagt werden, ob sie maschinell gestützt erfolgt oder rein manuell vollzogen wird: Auch das naturnahe, vermeintlich gänzlich immaterielle Dichten der Romantiker wurde maßgeblich durch Mobilisierung des Schreibens im Zuge der Erfindung und Verbreitung des Bleistifts als Werkzeug ermöglicht.[73]

Letztlich erweist sich also jegliche Literatur als Techno-Literatur, deren unterschiedliche menschliche und nicht-menschliche Akteur: innen in ihren Anteilen an der Textproduktion benannt und zueinander ins

---

[71] Vgl. die Pressemitteilung der British Library zur Ausstellung der Rolle 2012: <https://www.bl.uk/press-releases/2012/october/the-british-library-exhibits-jack-kerouacs-120foot-long-on-the-road-manuscript-scroll-in-london-for> (zuletzt besucht am 23.02.2022).

[72] Vgl. Zur Schreibszene sowie zum Spannungsverhältnis von Praxis und Inszenierung einschlägig: Rüdiger Campe: "Die Schreibszene, Schreiben", in: Schreiben als Kulturtechnik. Grundlagentexte, hg. von Sandro Zanetti, Frankfurt a. M. 2012, S. 269–282; Martin Stingelin: „‚Schreiben'. Einleitung, in: „Mir ekelt vor diesem tintenkecksenden Säkulum". Schreibszenen im Zeitalter der Manuskripte, hg. von dems. München 2004, S. 7–21.

[73] Vgl. Daniel Ehrmann: „Seelenorte Literarische Produktion zwischen schreibenden Köpfen und denkenden Händen", in: *Schreibforschung interdisziplinär: Praxis – Prozess – Produkt*, hg. von Susanne Knaller, Doris Pany-Habsa und Martina Scholger, Bielefeld 2020, S. 137–155.

Verhältnis gesetzt werden können, um die Produktionsweise des jeweiligen Textes zwischen künstlerischen Konzepten und handwerklichen Praktiken zu beschreiben. Gerade die Provokation durch – vermeintlich – *allein* von intelligenten Maschinen geschriebene Texte[74] kann dabei helfen, jenseits des genialen Einzelautors oder der Autorin das Netzwerk der beteiligten Akteur: innen und deren Interaktionen in den Blick zu rücken.

In der konkreten Ausgestaltung der Netzwerke lassen sich im Vergleich unterschiedlicher Produktionspraxen durchaus Unterschiede ausmachen, die allerdings eher graduell als absolut ausfallen: Differenzen bestehen nämlich maßgeblich in der Nachvollziehbarkeit von Input-Output-Relationen durch den Menschen bzw. in deren Opazität. Der von Weichbrodt anhand der Google-API generierte Output mag in seiner Relation zum gelieferten Input zumindest noch ähnlich nachvollziehbar sein, wie der Abdruck eines Buchstaben auf Papier nach Betätigung einer Taste der Kerouac'schen Schreibmaschine. Das gilt allerdings bei Weitem nicht mehr für die komplexen maschinellen Operationen in Goodwins Texterzeugungsnetzwerk. Während sich die Opazität poetischer Komposition bei klassischer Literatur eher im Geist des menschlichen Akteurs oder der menschlichen Akteurin verortet, verschiebt sich dieses Mysterium hier auf die Seite der Maschine. Zumindest in diesem Sinne lässt sich also vielleicht zurecht von „künstlicher Poesie" sprechen.

---

[74] So bewirbt der Verlag *1 the Road* auf der Bauchbinde des Bandes als „Le premier livre écrit par une Intelligence Artificielle" (Abb. 1).

Die widerwärtigen Modernitäten der Kunigunde. Körper und Künstlichkeit in Heinrich von Kleists *Das Käthchen von Heilbronn* (1808)

Francesca Goll

In seinem Aufsatz zu Heinrich von Kleist ist Ernst Fischer, was das *Käthchen von Heilbronn* angeht, lapidar: „Man mag die Schroffheit, mit der Goethe Kleist gegenübertrat, für ein Unrecht halten [...] – daß er jedoch das *Käthchen von Heilbronn* ärgerlich ins Feuer warf, scheint mir gerechtfertigt".[75] Fischer, der in seinem langen Aufsatz sehr einfühlsam auf Kleists unglückliches Leben und auf seine oft missverstandenen literarischen Leistungen eingeht, fokussiert sich bei seiner Lektüre des Ritterschauspiels, das 1810 in Wien uraufgeführt wurde, auf die romantischen Einflüsse („die Schlegelei"),[76] die das Märchen und mittelalterliche Mysterienspiel prägen. Dabei, so scheint mir, übersieht er den eigentlich spannenden Drehpunkt des Schauspiels, der sich um das Verhältnis von Körper, Künstlichkeit und Darstellung artikuliert. Im vorliegenden Aufsatz werde ich zunächst herausarbeiten, auf welche Weise bei Kleist Künstlichkeit konnotiert wird und wie im Ritterdrama *Das Käthchen von Heilbronn* das Verhältnis von Natur und Künstlichkeit verhandelt wird. Dabei werde ich aufzeigen, dass die normative Unterscheidung zwischen Natur und Künstlichkeit bei Kleist unscharf bleibt.

Liest man die Briefe, die Kleist an seine Verlobte Wilhelmine von Zenge schreibt, so ist die Faszination mit schöpferischen mythologischen Motiven, also mit der Modellierung von Traumbildern, die durch den – oder in Folge des – schöpferischen Akt(es) zum Leben erwachen, nicht

---

[75] Ernst Fischer, *Auf den Spuren der Wirklichkeit. Sechs Essays* (Reinbek b. Hamburg: Rowohlt, 1968), S. 119. Er bezieht sich dabei auf Goethes Gutachten von 1826: „Mir erregte dieser Dichter, bei dem reinsten Vorsatz einer aufrichtigen Teilnahme, immer Schauder und Abscheu, wie ein von der Natur schön intentionierter Körper, der von einer unheilbaren Krankheit ergriffen wäre", zitiert nach *Heinrich von Kleist – Eine Wirkungsgeschichte in Dokumenten*, hg. von Helmut Sembdner (Bremen: Carl Schünemann Verlag, 1967), S. 234.

[76] *Ibid.*, S. 120.

zu überlesen. Im Herbst 1800 brechen Kleist und sein Freund Ludwig von Brocke zu einer Reise nach Würzburg auf, die sie über Leipzig und Dresden auch ins Erzgebirge führt.[77] Am 4. September beschreibt Kleist mit Begeisterung die Landschaft der Sächsischen Schweiz und merkt an: „Die Natur würde gewiß das Gefühl und den Gedanken in Dir erwecken: ich würde ihn zu entwickeln suchen und selbst neue Gedanken und Gefühle bilden".[78] An verschiedenen Stellen in seinen zahlreichen Briefen wirkt Wilhelmine regelrecht als der Widerhall seiner Monologe, in dieser Textstelle äußert er seinen eigenen schöpferischen Drang, sie mit neuen Gefühlen und Gedanken auszustatten.[79] Am folgenden Tag schreibt er ihr erneut, beschreibt dabei die Anmut der Mädchen aus dem Erzgebirge und was er tun würde, wenn es Wilhelmine nicht gäbe:

> „Ich durchreiste die Gebirge, besonders die dunklen Täler, spräche an von Haus zu Haus, und wo ich ein blaues Auge unter dunklen Augenwimpern, oder bräunlichen Locken auf dem weißen Nacken fände, da wohnte ich ein Weilchen und sähe zu, ob das Mädchen auch im Innern so schön sei, wie von außen. Wäre das, und wäre auch nur ein Fünkchen von Seele in ihr, ich nähme sie mit mir, sie auszubilden nach meinem Sinn. Denn das ist nun einmal mein Bedürfnis; und wäre ein Mädchen auch so vollkommen, ist sie *fertig*, so ist es nichts für mich. Ich selbst muß es formen und ausbilden, sonst fürchte ich geht es mir, wie mit dem Mundstück an meiner Klarinette".[80]

Das Vorhaben, das beschrieben wird, ist experimenteller Natur: er wolle prüfen, ob das äußere Erscheinungsbild eine Täuschung sei und, falls sich tatsächlich „ein Fünkchen Seele" fände, würde er anfangen, dem Mädchen eine Form zu geben. Der Satz „Sie auszubilden nach meinem

---

[77] Zu Heinrich von Kleists Leben, siehe u.A. Günter Blamberger, *Heinrich von Kleist. Eine Biografie* (Frankfurt a.M.: Fischer, 2012) oder, aus einem ganz anderen Blickwinkel betrachtet, Stefan Zweigs *Der Kampf mit dem Dämon. Hölderlin, Kleist, Nietzsche* (Leipzig: Insel Verlag, 1925).

[78] Heinrich von Kleist an Wilhelmine von Zenge aus Dresden, am 4. September 1800, morgens um fünf Uhr <https://www.projekt-gutenberg.org/kleist/briefe>.

[79] Ein klares Beispiel dafür ist auch im Brief aus Frankfurt Oder enthalten (Frühjahr bis Sommer 1800), in dem er „Verschiedene Denkübungen für Wilhelmine von Zenge" mitschickt. Es handelt sich dabei um Fragen, die teilweise mit einer Antwort versehen sind, z.B. „Was für ein Unterschied ist zwischen *rechtfertigen* und *entschuldigen?*" <https://www.projekt-gutenberg.org/kleist/briefe>.

[80] Heinrich von Kleist an Wilhelmine von Zenge aus Lungwitz, am 5. September 1800 um halb elf Uhr <https://www.projekt-gutenberg.org/kleist/briefe>.

Sinn" wirkt fast wie das Echo aus Goethes Prometheus Ode „Hier sitze ich und forme Menschen / Nach meinem Bilde" (V. 50/51), wodurch eindeutig der schöpferische Anspruch zu Tage tritt. Es geht hier weniger darum, im Ergebnis eine vollkommene Kreatur zu haben, als vielmehr um den Prozess des Formens, Bildens und Modellierens. Die Anspielung auf das Mundstück der Klarinette dient dazu, das Vorgehen zu veranschaulichen. Er erzählt im Anschluss an das obige Zitat, wie er sich einst selbst ein Mundstück für seine Klarinette schnitzen und formen musste, damit es zu seinen Lippen passe. Diese beiden Episoden sind verwandt und spielen auf ein ähnliches Verfahren an, das allerdings unterschiedlich dekliniert wird: im Falle der Mädchen aus dem Erzgebirge geht es einerseits um die Freude am Schöpfertum, aber andererseits ganz eindeutig darum, sich ein Mädchen zu schaffen, das all die Fähigkeiten besitzt, die er für notwendig hält. Auf eine vergleichbare Weise, wie der vom weiblichen Geschlecht enttäuschte Pygmalion seine Statue modellierte, würde Kleist versuchen, das Mädchen so zu formen, dass es seinen Vorstellungen entspräche. Die Pygmalion Episode ist, wie sie bei Ovid in den Metamorphosen erzählt wird, mitunter eine klare Metapher für den künstlerischen Akt. Der Vers „ars adeo latet arte sua" (V. 10,252) beschreibt eine Kunst, die täuschend echt ist. Pygmalion verliebt sich in seine Statue, weil er sie nicht mehr als „künstlich", also als Produkt der Kunst, wahrnimmt. Im Falle des geschnitzten Mundstücks dagegen geht es um bestimmte Fertigkeiten im Sinne der prometheischen *techne*,[81] durch die das Holzrohr so umgestaltet wird, dass die Töne, die bei beim Klarinettenspielen entstehen, angenehm sind. Es geht also um Techniken, durch die die Kunst – in diesem Fall Musik – erst entsteht. Bei Aischylos werden Fertigkeiten wie die Schrift, die Zahlen, die Farblehre, die Metallkunde aufgezählt, wobei die Schrift als Werkzeug der Musenkunst dargestellt wird. Diese Neubestimmung des Menschen als Kulturwesen, impliziert eine Umstrukturierung und Ausdifferenzierung der Wissensordnungen – und damit, scheint mir, die Entstehung einer Taxonomie. Kultur wird als Technik dargestellt, also als eine Reihe von Griffen und Operationen, durch die Kunst entsteht. Selbst ein mittelmäßiger Klarinettist kann durch ein gutes Instrument vernünftige Töne

---

[81] Bei Aischylos *Der gefesselte Prometheus* heißt es „So ist, mit einem Worte, daß ihr kurz es hört, / Den Menschen von Prometheus alle Kunst gelehrt", Übersetzung von Johann Gustav Droysen, (Berlin: Holzinger, 2006), S. 16.

spielen, sowie rhetorische Fertigkeiten auch durchschnittliche Reden sehr wirkungsvoll machen können.

Dass die Wechselbeziehung zwischen Natur und Kunst, also zwischen Anlage (Natur) und erlernter Fähigkeiten (*techne*), eines der zentralen Probleme der Rhetorik ist, scheint relativ unstrittig.[82] Kleist selbst geht in seinem Aufsatz „Über die allmähliche Verfertigung der Gedanken beim Reden", der in seiner Königsberger Zeit 1805/1806 entstand, auf bestimmte Techniken ein, die er weiterempfiehlt. Er schreibt: „Wenn du etwas wissen willst und es durch Meditation nicht finden kannst, so rate ich dir, mein lieber, sinnreicher Freund, mit dem nächsten Bekannten, der dir aufstößt, darüber zu sprechen".[83] Wie der Ausdruck „der nächste Bekannte" schon antizipiert, geht es Kleist nicht um den produktiven Wissensaustausch im Sinne der Mäeutik, wo durch gezielte Fragen die Redenden selbst ihre Einsichten hervorbringen. Vielmehr geht es hier um den Akt des Sprechens selbst:

> „Ich mische unartikulierte Töne ein, ziehe die Verbindungswörter in die Länge, gebrauche auch wohl eine Apposition, wo sie nicht nötig wäre, und bediene mich anderer, die Rede ausdehnender, Kunstgriffe, zur Fabrikation meiner Idee auf der Werkstätte der Vernunft, die gehörige Zeit zu gewinnen".[84]

Für den Akt des Sprechens, der den Gedankenfluss antreibe, bedarf es eines Gegenübers. „Meditieren" und „Sprechen" unterscheiden sich hier durch die Anwendung dessen, was Kleist „Kunstgriffe" nennt: „Verbindungswörter" oder „eine Apposition", also die wirkungsvolle Gestaltung der Rede durch bestimmte Techniken. Ausdrücke wie „Fabrikation meiner Idee" und „Werkstätte der Vernunft" deuten auf eine Vorstellung des Künstlers, die sich klar vom Geniebegriff absetzt. Der schöpferische Geist wird aufgelöst in eine Serie von einzelnen Operationen und Griffen, die alle erlernbar sind, eben wie in einer Werkstatt, und aus denen schließlich die Denkleistung hervorgeht. Die Exteriorisierung gewisser Praktiken, wie Sprechen oder Schreiben,

---

[82] Zu Performativität und Rhetorik bei Kleist siehe Nina Tolksdorf, *Performativität und Rhetorik der Redlichkeit: Nietzsche, Kleist, Kafka, Lasker-Schüler* (Berlin/Berlin: De Gruyter, 2020), zu Kleist: S. 74–114.

[83] Heinrich von Kleist, *Sämtliche Werke und Briefe* hg. von Helmut Sembdner in zwei Bänden, (Darmstadt: Wissenschaftliche Buchgesellschaft, 1983), Erstausgabe 1952, hier: Band 2, S. 319–324 (319).

[84] *Ibid.*, S. 320.

trage, so Kleist, zur „allmählichen Verfertigung des Gedankens aus einem in der Not hingesetzten Anfang" bei.[85] Auf das Zusammenspiel von Geist und Körper bzw. Immanenz und Kontingenz, spielt er in der Beschreibung einer Prüfungssituation an:

> „Hier aber, wo diese Vorbereitung des Gemüts gänzlich fehlt, sieht man sie [die Studierenden] stocken, und nur ein unverständiger Examinator wird daraus schließen, daß sie nicht wissen. Denn nicht *wir* wissen, es ist allererst ein gewisser *Zustand* unserer, welcher weiß".[86]

Dieser Zustand des Wissens entsteht aus dem Zusammenspiel des Individuums mit dem äußerlichen Kontext, er wird erst durch bestimmte Verhaltensmuster, Techniken oder Interaktionen hervorgerufen.

Kleists Auseinandersetzung mit dem Kunstbegriff und seine Abkehr vom Prinzip der *Imitatio*, also der treuen Nachahmung der Kunstwerke der Vergangenheit, tritt in seinem polemisch-ironischen „Brief eines jungen Dichters an einen jungen Maler" klar hervor:

> „Uns Dichtern ist es unbegreiflich, wie ihr euch entschließen könnt, ihr lieben Maler, deren Kunst etwas so Unendliches ist, jahrelang zuzubringen mit dem Geschäft, die Werke eurer großen Maler zu kopieren. [...] [S]obald wir [die Dichter] nur gewußt hätten, daß man mit dem Büschel, und nicht mit dem Stock am Pinsel malen müsse, [würden wir] heimlich zur Nachtzeit die Türen verschlossen haben, um uns in der Erfindung, diesem Spiel der Seligen, zu versuchen".[87]

Er mokiert die ehrwürdige Haltung gegenüber den Alten Meistern und spornt dazu an, sie zu überbieten, indem man die eigene „Erfindung" einfließen lasse.[88] Wiederum wird auf das Zusammenspiel von Technik und künstlerischer Leistung angespielt: die jungen Maler sollen sich, sobald sie die technischen Grundkenntnisse beherrschen, also die Büschel vom Pinselstiel unterscheiden, in der „Erfindung" versuchen. Auch hier – die Voraussetzung für die künstlerische Leistung ist der Pinsel. Die Erschaffung einer Begabung durch Kulturtechnik, impliziert eine Trennung von Körper und Geist, Kontingenz und Sinn, Außen und

---

[85] *Ibid.*, S. 322.
[86] *Ibid.*, S. 323.
[87] „Brief eines jungen Dichters an einen jungen Maler", *Kleist. Sämtliche Werke und Briefe*, Bd. 2, S. 236–237 (236).
[88] Das wäre der Übergang von *imitatio zu aemulatio:* dem Vorbild so nahe wie möglich zu kommen, um es dann zu überbieten.

Innen: zwar sind diese Aspekte im besten Fall komplementär, doch kann man sie auch gesondert betrachten im Versuch, ihr Zusammenspiel besser zu verstehen. Dergleichen Experiment geht Kleist in seinem Dialogtext „Über das Marionettentheater" nach, wo im Gespräch zwischen einem Erzähler und dem Tänzer C. das Verhältnis von Körper und Geist, sowie Natur und Künstlichkeit anhand verschiedener Beispiele erörtert wird.[89]

„Über das Marionettentheater"

Ende der 1980er Jahre hat Paul de Man beobachtet, dass es zahlreiche Versuche gegeben habe, den Text *Über das Marionettentheater* zu analysieren, die allerdings auf die sogenannte „*thesis* des Texts" fixiert gewesen seien, „die durch ihre Offensichtlichkeit die Aufmerksamkeit seiner Interpreten um den Preis der Ausschließung fast aller seiner anderen Elemente auf sich gezogen hat".[90] Tatsächlich verhält es sich nach wie vor so, dass ein Großteil der Analysen sehr spezifischen Aspekten nachspürt, die Frage nach dem Verhältnis von Körper und Künstlichkeit jedoch weitgehend unterbelichtet bleibt. Im Übrigen scheint das Interesse an Kleists Text im Laufe der letzten Dekade stark nachgelassen zu haben.[91] *Über das Marionettentheater* gibt einen Dialog zwischen zwei Bekannten wieder, dem Tänzer C. und dem Erzähler, die sich an einem Winterabend zufällig über den Weg laufen. Der Erzähler spricht den Tänzer darauf an, ihn mehrmals in einem Marionettentheater gesehen zu haben und erstaunt darüber gewesen zu sein, ihn dort, wo „der Pöbel, durch kleine dramatische Burlesken, mit Gesang und Tanz durchwebt" belustigt werde.[92] Die Ironie dieser Behauptung liegt einerseits darin, dass der Erzähler selbst im Marionettentheater war und sich somit automatisch zum sogenannten „Pöbel" gezählt hat. Andererseits

---

[89] „Über das Marionettentheater", *Kleist. Sämtliche Werke und Briefe*, Bd. 2, S. 338–345.

[90] Paul de Man, „Ästhetische Formalisierung: Kleists Über das Marionettentheater" in Paul de Man, *Allegorien des Lesens* (Frankfurt a.M.: Suhrkamp, 1988), übersetzt von Wener Hamacher, S. 205–233 (207).

[91] Helmut J. Schneiders Aufsatz „Dekonstruktion des hermeneutischen Körpers. Kleists Aufsatz Über das Marionettentheater und der Diskurs der klassischen Ästhetik" im *Kleist-Jahrbuch* 1998, hg. von Günter Blamberger, Sabine Doering und Klaus Müller-Salget (Stuttgart/Weimar: Metzler, 1998), S. 153–175, ist eine der neueren Analysen.

[92] „Über das Marionettentheater", S. 338–339.

handelt sich um eine mokierende Anspielung auf die Unterscheidung zwischen den hohen und niederen Künsten, die im Folgenden, in der Auseinandersetzung mit der Figur der Puppe im Vergleich zum Tänzer, als völlig unzutreffend bloßgestellt wird. Der Erzähler erkundigt sich beim Tänzer, der bewandert scheint und die Pantomimik der Puppen sehr bewundert, nach deren Funktionsweise:

> „Ich erkundigte mich nach dem Mechanismus dieser Figuren [...] Er antwortete, daß ich mir nicht vorstellen müsse als ob jedes Glied einzeln, während der verschiedenen Momente des Tanzes, von dem Maschinisten gestellt und gezogen würde. Jede Bewegung, sagte er, hätte einen Schwerpunkt; es wäre genug, diesen, in dem Innern der Figur zu regieren; die Glieder, welche nichts als Pendel wären, folgten, ohne irgend ein Zutun, auf eine mechanische Weise von selbst. [...] Ich fragte ihn, ob er glaubte, daß der Maschinist, der diese Puppen regierte, selbst ein Tänzer sein, oder wenigstens einen Begriff vom Schönen im Tanz haben müsse? [...] Er lächelte, und sagte, er getraue sich zu behaupten, daß wenn ihm ein Mechanikus, nach den Forderungen, die er an ihn zu machen dächte, eine Marionette bauen wollte, er vermittels derselben einen Tanz darstellen würde, den weder er, noch irgend ein anderer geschickter Tänzer seiner Zeit [...] zu erreichen imstande wäre".[93]

Der „Mechanismus" und der „Maschinist", um die es wiederholt geht, eröffnen gleich zwei verschiedene Ebenen: einerseits geht es um die Technik, durch die die Puppen bewegt werden, andererseits um die Rolle des Puppenspielers. Die vermeintliche Überlegenheit der Tanzleistung der Puppe im Vergleich zu einem Menschen, ironisiert die eingangs formulierte Betrachtung bezüglich des Marionettentheaters als einer niederen Kunst. Die Erkundigung des Erzählers danach, ob der Maschinist Tänzer sein müsse, impliziert die Frage, wer denn der Künstler sei: die Puppe, der Puppenspieler oder womöglich der „Mechanikus", der die Puppe gebaut hat? Das verkompliziert sich im Laufe des Dialogs weiter, als der Tänzer von den „mechanischen Beinen" spricht, „welche englische Künstler für Unglückliche verfertigen, die ihre Schenkel verloren haben".[94] Die künstlerische Leistung, wie sie hier dargestellt wird, besteht in der Erfindung eines technischen Mittels, das wiederum dazu führen wird, dass mit diesen „mechanischen Beinen" getanzt wird[95] – also

---

[93] *Ibid.*, S. 340–341.
[94] *Ibid.*, S. 341.
[95] „[D]enn wenn ich Ihnen sage, daß diese Unglücklichen damit tanzen, so fürchte ich fast, Sie werden es mir nicht glauben" aus *Über das Marionettentheater*, S. 341.

erneut eine künstlerische Leistung entsteht. Ähnlich wie bei Aischylos, besteht hier Kunst in einer Serie technischer Fertigkeiten, die in ihrer Summe die künstlerische Leistung ermöglichen. Der Tänzer geht gezielt und ausführlich auf die wissenschaftlich-technische Beschaffenheit des Puppenspiels ein, die die Grundlage der Tanzleistung der Marionette darstelle. Während der erste Teil des Dialogs teilweise sehr detailliert, fast mathematisch-wissenschaftlich auf die technischen Eigenschaften des Puppenspiels eingeht, gewinnt im Laufe des Gesprächs das Verhältnis von Körper und Geist an Prominenz. Als der Erzähler sich danach erkundigt, welchen Vorteil die Puppen gegenüber lebendigen Tänzern hätten, antwortet der Tänzer:

> „Zuvorderst ein negativer, mein vortrefflicher Freund, nämlich dieser, daß sie sich niemals *zierte*. – Denn Ziererei erscheint, wie Sie wissen, wenn sich die Seele (vis motrix) in irgend einem andern Punkt befindet, als in dem Schwerpunkt der Bewegung. [...] Ich lachte. – Allerdings, dachte ich, kann der Geist nicht irren, da wo keiner vorhanden ist."[96]

Der große Vorteil künstlicher Figuren scheint somit darin zu liegen, dass sie willenlos und sowohl ihr Bewegungsradius als auch ihre physische Erscheinung völlig formbar sind. Die Marionette, also die künstliche Nachbildung des Menschen in Miniatur, habe deshalb so viel Grazie und Anmut, weil ihr der Geist fehlt und sie die Tanztechniken fehlerlos ausführen kann. Im Hinblick auf das Verhältnis von Körper und Bewusstsein, berichtet der Erzähler von einer Anekdote, die beweisen soll, „welche Unordnungen, in der natürlichen Grazie des Menschen, das Bewußtsein anrichtet".[97] Nach einem Besuch im Louvre, wo sie die Plastik des Dornausziehers gesehen haben, gehen der Erzähler und ein anmutiger sechzehnjähriger Jüngling in ein Bad. In dem Moment, wo er sich den Fuß abtrocknet, sieht sich der Junge im Spiegel und fühlt sich an die Statue des Dornausziehers erinnert.

> „Er errötete, und hob den Fuß zum zweitenmal, um es mir zu zeigen; doch der Versuch, wie sich leicht hätte voraussehen lassen, mißglückte. Er hob verwirrt den Fuß zum dritten und vierten, er hob ihn wohl noch zehnmal: umsonst! [...] Er fing an, tagelang vor dem Spiegel zu stehen; und immer ein Reiz nach dem anderen verließ ihn".[98]

---

[96] *Ibid.*, S. 342.
[97] *Ibid.*, S. 343.
[98] *Ibid.*, S. 343–344.

Der Jüngling wird sich durch die Kunsterfahrung, also durch die Plastik der Dornausziehers, die er im Louvre bewundert hat, seiner eigenen Schönheit bewusst, doch verliert er, sobald er sie erkennt, seine Reize. Die Anmut der unbewussten, natürlichen Bewegung des Fußabtrocknens lag, ähnlich wie beim Tanz der Puppen, in der absoluten Geistlosigkeit. Die bewusste Nachahmung der Szene zerstört die Schönheit. Die dritte und letzte Anekdote, um die es im Gespräch zwischen dem Erzähler und dem Tänzer C. geht, befasst sich mit einem fechtenden Bären, der von Menschen aufgezogen wird, die ihm die Fechttechniken beigebracht haben. Der Erzähler wird von seinen Gastgebern, dem Herrn von G. und seinen beiden Söhnen, zu einem Bären gebracht, den sie auf dem Hof aufzerziehen lassen. Mitunter wurde ihm das Fechten beigebracht und der Erzähler wird dazu aufgefordert, gegen den Bären anzutreten. Der Bär ist unschlagbar, nicht nur aufgrund seiner exzellenten Fechttechnik, sondern auch weil er, aufgrund seiner geistigen Beschaffenheit als Tier, niemals auf die Finten seines Gegenübers reinfällt. Die Geistlosigkeit, also der Mangel an Bewußtsein, ist das, was sowohl die Grazie der Marionette, die Schönheit des Jünglings und auch die Vollkommenheit der Fechtleistung bedingt – „[s]o daß sie [die Grazie], zu gleicher Zeit, in demjenigen menschlichen Körperbau am reinsten erscheinen, der entweder gar keins, oder ein unendliches Bewußtsein hat, d.h. in dem Gliedermann, oder in dem Gott".[99]

Das Käthchen von Heilbronn

Das Verhältnis zwischen Körper und Geist und Natur und Künstlichkeit, das in *Über das Marionettentheater* mitunter problematisiert wird, spielt im Ritterdrama *Das Käthchen von Heilbronn* eine vordergründige Rolle und wird dort primär im Hinblick auf die beiden weiblichen Figuren, Käthchen und Kunigunde, auskliniert. Rudolf Drux rekonstruiert in seinem Aufsatz die zeitgenössische Rezeption des Stücks[100] und dabei zeichnet sich ab, dass selbst bei positiven Rezensionen,

---

[99] *Ibid.*, S. 345.
[100] Rudolf Drux, „Kunigundes künstlicher Körper. Zur rhetorischen Gestaltung und Interdiskursivität eines ‚mosaischen' Motivs aus Heinrich von Kleists Schauspiel ‚Das Käthchen von Heilbronn'" in *Kleist-Jahrbuch* 2005, hg. von Günter Blamberger, Ingo Breuer, Sabine Doering und Klaus Müller-Salget (Stuttgart/Weimar: Metzler, 2005), S. 92–110.

die Figur der Kunigunde sehr schlecht wegkommt.[101] Tatsächlich wurden in den meisten Bearbeitungen und Aufführungen vor 1876 die Szenen, die ihre körperlichen Mängel und deren Kaschierung schildern, ganz oder in Teilen gestrichen.

Die Handlung des Stücks beginnt mit einem Prozess, in dem Theobald Friedborn, Waffenschmied und Vater von Käthchen, den Grafen von Strahl „schädlicher Zauberei, aller Künste der schwarzen Nacht und der Verbrüderung mit Satan"[102] anklagt, weil seine fünfzehnjährige Tochter Käthchen auf eine extreme und unerklärliche Weise vom Grafen besessen sei. Käthchens Besessenheit drückt sich auf verschiedene Weise aus: sie springt aus dem Fenster und bricht sich dabei die Beine, verfolgt den Grafen, schläft in seinem Stall und reißt von zu Hause aus. Von ihrem Vater wird sie, vor dem Ausbruch ihres unerklärlichen Wahns, als Inbegriff der Güte und der Unschuld beschrieben:

> „Ein Wesen von zarterer, frommerer und lieberer Art müßt ihr euch nicht denken [...] der ganze Markt erschien an ihrem Namenstage, und bedrängte und wetteiferte, sie zu beschenken; wer sie nur einmal, gesehen und einen Gruß im Vorübergehen von ihr empfangen hatte, schloß sie acht folgende Tage lang, als ob sie ihn gebessert hätte, in sein Gebet ein."[103]

Ein schönes junges Mädchen, allseits beliebt, von Natur aus mit allen Reizen ausgestattet, verliert plötzlich, auf scheinbar unerklärliche Weise, den Verstand: „seit Tagen folgt sie ihm nun, gleich eine Metze, in blinder Ergebung, von Ort zu Ort; geführt am Strahl seines Angesichts, fünf drahtig, wie einen Tau, um ihre Seele gelegt".[104] Der stählerne Tau, der sie leitet, ruft das Bild der Marionette hervor, wobei das Wortspiel im Zitat die Annahme nahelegt, dass Graf Strahl der Strippenzieher sei. Käthchen, so scheint es, hat die Kontrolle über das „Innere", also über ihren Geist, verloren, seitdem sie im Traum gesehen hat, dass sie den Grafen heiraten wird – was am Schluss auch geschehen wird.

---

[101] Jacob Grimm schrieb 1811 an Achim von Arnim: „die ganze Einschiebung der Kundigunde, nebst allem, was daraus entstanden, [sei] elend, ja gemein geraten", zitiert nach Helmut Sembdner, „Das Detmolder ,Käthchen von Heilbronn'. Eine unbekannte Bühnenfassung", in *Euphorion* 17 (1981), Beiheft, S. 29.

[102] Das Käthchen von Heilbronn, *Kleist. Sämtliche Werke und Briefe*, Bd. 2, S. 446.

[103] *Ibid.*

[104] *Ibid.*, S. 447.

Diese Prophezeiung, die ihr in der Silvesternacht beim Bleigießen gemacht wurde, entfaltet eine solche Suggestivkraft auf sie, dass sie ihre Sinne nicht mehr beherrscht und wie schlafwandelnd anfängt, den Grafen zu verfolgen. Wann immer es darum geht, etwas zu erklären oder auszusprechen, versagt ihre Sprache und oft fällt sie in Ohnmacht. Das Versagen der Sprache ist bei der Figur von Käthchen eine Konstante, die sich durch die gesamte Handlung zieht und dramaturgisch immer wieder durch den Kommentar „Sie kann nicht sprechen" auf den Punkt gebracht wird. Aber warum kann Käthchen nicht sprechen? In Anlehnung an den Text *Über das Marionettentheater*, entspricht Käthchchen, obwohl sie einen natürlichen Körper hat, ganz und gar der Puppe: sie wirkt als wäre sie aus dem Innern von ihrem Wahn regiert und „die Glieder, welche nichts als Pendel wären, folgten, ohne irgend ein Zutun, auf eine mechanische Weise von selbst".[105] Käthchens Körper ist, wie der des Bären, sehr performativ und unverwundbar, er spürt weder das Feuer, noch das Wasser oder die Kälte. Ihre Geistlosigkeit verleiht ihr die Anmut und macht sie der Marionette gleich.

In Anlehnung an das Puppentheater, stellt sich im Laufe der Handlung zunehmend die Frage, wer wen lenkt: ist es Käthchen, die es schafft, den Grafen in ihren Bann zu ziehen, oder ist es der Graf, der sie in seinen Bann gezogen hat, oder, anders formuliert: wer ist die Puppe und wer der Puppenspieler? Während die körperliche Unversehrbarkeit von Käthchen ihren mangelnden Geist ausgleicht, verhält es sich bei Kunigunde spiegelverkehrt. Denn da, wo Käthchen unfähig ist, sich verbal zu artikulieren, hat Kunigunde dagegen eine physische Abwehrreaktion: sie bewegt sich nicht. Es ist in ihrem Fall der Körper, der versagt, nicht der Geist. Im zweiten Akt taucht namentlich zum ersten Mal Kunigunde auf, die ihren Verlobten, den Rheingraf vom Stein dazu aufgehetzt hat, in ihrem Namen bestimmte Ländereien zurückzufordern. Dasselbe, erfährt man, hätte sie auch schon mit ihrem vormaligen Verlobten, den Burggrafen von Freiburg, versucht. Die beiden Handlungsstränge, Käthchens Wahn und die Ritterrivalitäten um Kunigunde, kommen durch die Figur des Grafen von Strahl zusammen, der Kunigundes neuer Verlobter wird. Somit werden Käthchen und Kunigunde Gegenspielerinnen, deren Gegensätzlichkeit allerdings nicht nur durch ihre unterschiedliche

---

[105] *Über das Marionettentheater*, S. 341.

Beziehung zum Grafen charakterisiert ist, sondern sich ganz besonders durch ihre körperliche und geistige Beschaffenheit auszeichnet.

Beide Fälle sind mysteriös: Käthchens Wahn bleibt unerklärt und bei Kunigunde deutet sich mit jeder Szene zunehmend an, dass etwas nicht stimmt, doch bleibt auch dies bis zuletzt ein Geheimnis. Eine erste Andeutung macht der Burggraf von Freiburg, Kunigundes ehemaliger Verlobter, als er mit seinem Knappen versucht, sie zu entführen. Auf die Feststellung „Sie rührt sich nicht", antwortet Freiburg: „Das tut sie bloß, um ihre falschen Zähne nicht zu verlieren".[106] Ihre Unbeweglichkeit hängt mir ihrer mangelnden Kontrolle über ihren Körper, der als Prothesenmosaik nur schwer zusammenzuhalten ist. Als Käthchen Kunigunde in einer Grotte beim Baden aus Versehen beobachtet, ist sie schockiert und, wie oft, unfähig zu erklären, was sie gesehen hat. Burggraf Freiburg, der ehemalige Verlobte, klärt auf:

> „Sie ist eine mosaische Arbeit, aus allen drei Reichen der Natur zusammengesetzt. Ihre Zähne gehören einem Mädchen aus München, ihre Haare sind aus Frankreich verschrieben, ihrer Wangen Gesundheit kommt aus den Bergwerken in Ungarn, und den Wuchs, den ihr an ihr bewundert, hat sie einem Hemde zu danken, das ihr der Schmied, aus schwedischem Eisen, verfertigt hat."[107]

Kunigunde, die umworbene Prinzessin von Thurneck, erweist sich somit als eine Art künstliche Riesenpuppe, die aus vielen verschiedenen Komponenten assembliert ist. Die Anspielung auf das Mosaik deutet auf die kunstvolle Zusammensetzung verschiedener Komponenten, die allerdings aus „allen drei Reichen der Natur zusammengesetzt" sind. Durch bestimmte handwerkliche Griffe, wie der Verfertigung des Eisenhemdes, wird die Schönheit, für die sie bewundert wird, wirkungsvoll hergestellt. Die „Verschreibung" der Haare aus Frankreich deutet auf einen medizinisch-wissenschaftlichen Kontext, der Bergbau, von dem ihre Gesundheit stamme, weist auf die gezielte Erschließung der Natur durch den Menschen und konnotiert sie positiv. Wie gezielt Kunigunde ihr Erscheinungsbild ins rechte Licht zu rücken versteht, geht deutlich aus den zahlreichen Szenen an ihrem Schminktisch hervor.[108] „Das

---

[106] *Ibid.*, S. 458.

[107] *Ibid.*, p. 520.

[108] Im Hinblick auf die Schminke sei auf Baudelaires *Lob der Schminke* (1860) verwiesen: „Sie [die Frau] muss sich also bei allen Künsten die Mittel ausborgen,

unsichtbare Ding, das Seele heißt" muss stets der aktuellen Lage angepasst werden, wie auch ihre äußere Erscheinung. Dank ihrer Kunst, sich der angemessenen Aufmachung zu bedienen, kann sie den Grafen dazu verleiten, „so zu empfinden, wie er soll".

Bei der Gestaltung des komplexen Verhältnisses von Darstellung, Verstellung und Wirklichkeit, die auch in der Erzählung *Der Findling* (1811) prominent zu Tage tritt, kann Kleist auf zahlreiche Vordenker zurückgreifen, besonders wenn man die *dissimulatio* als Bestandteil des höfischen Ideals der *sprezzatura* und sinnstiftendes Element der Funktion von Körperbildern betrachtet.[109] Die Verstellungskunst hat eine lange höfische Tradition,[110] die Alexander Kosenina auf den Punkt bringt:

> „Verstellung ist durch gute Zwecke gerechtfertigt, sie ist erlaubt, wenn die politische Klugheit sie erfordert, und mit guten Absichten verbunden, kann sie als Tugend gelten. Das Verbergen und Verschweigen von Absichten (*dissimulatio*) und das Vor-Stellen von etwas Erfundenem (*simulatio*) gehören wie die Gegenstrategie der Demaskierung zum selbstverständlichen Handwerkszeug des Höflings".[111]

Aus diesem Blickwinkel betrachtet, kann die Figur der Kunigunde, die von ihrem Ehrgeiz, ihre Ländereien zu vermehren und profitabel zu verwalten, angetrieben ist, als klassischer Ausdruck der höfischen Gesellschaft betrachtet werden. Sie verstellt und erfindet sich neu, um bestimmte Ziele, wie eine zweckdienliche Ehe, zu erreichen. Kunigundes Geist und Bewußtsein funktionieren einwandfrei, so gut sogar, dass sie selbst maßgeblich den Verlauf der Handlung mitdirigiert. Kunigunde und Käthchen sind sehr verschiedene Figuren, doch die normativen

---

um sich über die Natur zu erheben und die Herzen besser zu unterjochen und die Köpfe zu verblüffen", zitiert nach Charles Baudelaire, *Das Schöne, die Mode und das Glück. Constantin Guys, der Maler des modernen Lebens. Schriften zur Kunsttheorie*, hg. von Hein Stünke, übersetzt von Max Bruns (Berlin: Alexander Verlag, 1988), S. 35.

[109] Siehe diesbezüglich Mathias Weißbach, „Natürliche und rhetorische Irrtümer. Der Findling und die Kunst der Ver-Stellung" in *Kleist-Jahrbuch* 2016, hg. von Günter Blamberger, Ingo Breuer, Wolfgang de Bruyn und Klaus Müller-Salget, S. 82–102.

[110] Hier nur der Hinweise auf einige Quellen, wie Baldassarre Castigliones *Il libro del cortegiano* (1528), Niccolò Macchiavellis *Il Principe* (1532) oder auch Nicolas Farets *L'honneste homme ou l'art de plaire à la cour* (1630).

[111] Alexander Kosenina, Anthropologie und Schauspielkunst. Studien zur „eloquentia corporis" im 18. Jahrhundert (Tübingen: Niemeyer, 1995), S. 63.

Konnotationen ihrer Eigenschaften bleiben unscharf. Trotz ihres natürlichen Körpers entspricht Käthchen ganz und gar dem Bild einer Puppe, deren Körper willenlos ist, weil es kein Bewußtsein gibt, das ihn antreibt. Die wandelnde Prothesenfrau Kunigunde, dessen künstlicher Körper jeden Morgen in Betrieb genommen und am Schminktisch optimiert wird, hat einen ganz kühlen und berechnenden Geist, der manipulativ Intrigen spinnt und Menschen in ihren Bann zieht. Kunigundes Körper funktioniert, sie beherrscht die Techniken und Kunstgriffe, um sich so darzustellen, wie sie sein möchte. Die Abkehr vom Prinzip der Nachahmung, die eingangs im Hinblick auf die Malerei erwähnt wurde, vollzieht sich hier durch die groteske Darstellung der beiden Figuren. Kunigunde versucht durch technische Griff eine „natürliche" Frau darzustellen, während Käthchens völlige Willenlosigkeit sie trotz ihres natürlichen Körpers als Marionette konnotiert. Sowohl das natürliche, niedliche Käthchen, als auch die böse, künstliche Kunigunde sind als gleichermaßen unheimliche Figuren dargestellt. Betrachtet man sie aus dieser Perspektive, so sind sie vielleicht nur gemeinsam, als unterschiedlich gewichtete Abbilder eines komplexen Gleichgewichts von Natur und Künstlichkeit denkbar. Denkt man an Kleists Briefe an Wilhelmine von Zenge zurück und an seinen Wunsch, die Mädchen aus dem Erzgebirge zu formen, so scheint er davon zu träumen, Puppenspieler zu sein. Und vielleicht, könnte man einräumen, ist er es posthum auch geworden, indem die (Kunst-)Figuren von Kundigunde und Käthchen weiterhin auf dem Bühnen der Wissenschaft tanzen.

Unkreatives Malen: Die Landschaft und ihre technische Reproduzierbarkeit in Kellers *Grünem Heinrich*

SIMONE COSTAGLI

Künstlichkeit als Verfahren war schon vor der Entwicklung digitaler Medien ein Phänomen der Kunstproduktion. Einen Vorläufer kann man z.B. in den Reproduktionstechniken finden, die es ermöglichten, ein Werk von seinem Urheber und von seinen einmaligen schöpferischen Voraussetzungen abzulösen und es sogar neu zu erfinden. Seit Walter Benjamins berühmtem Essay wissen wir, dass ein Kunstwerk grundsätzlich immer reproduzierbar gewesen ist: „Was Menschen gemacht hatten, das konnte immer von Menschen nachgemacht werden", erklärt Benjamin.[112] Trotz seiner neusachlichen Nüchternheit beharrt Benjamin jedoch auf die Überzeugung, dass Echtheit sich der technischen Reproduzierbarkeit entziehe. Echtheit sei an das „Hier und Jetzt des Kunstwerks – sein einmaliges Dasein an dem Orte, an dem es sich befindet"[113] gebunden. Dadurch sei man immer in der Lage, eine Kopie – sei sie auch eine höchstvollendete Reproduktion – von einem Original unterscheiden zu können. Dazu hilft der Aura-Begriff, der dem technisch reproduzierten Kunstwerk diametral entgegengesetzt ist. Als die „einmalige Erscheinung einer Ferne",[114] wie sie Benjamin definiert, könnte Aura auch als die einem Kunstwerk anhaftende Eigenschaft bezeichnet werden, sein „Hier und Jetzt" an einem entfernten Ort und in einer anderen Zeit aufblitzen zu lassen. Diese knappe Zusammenfassung einiger Leitbegriffe von Benjamins Kunstwerk-Essay kann als einführende Bemerkung für die Analyse einer Episode im dritten Buch von Gottfried Kellers *Der grüne Heinrich* herangezogen werden. Hier

---

[112] Walter Benjamin: „Das Kunstwerk im Zeitalter seiner technischen Reproduzierbarkeit (erste Fassung)", in: *Gesammelte Schriften. Band I.2*, hg. von Rolf Tiedemann und Hermann Schweppenhäuser, Frankfurt am Main: Suhrkamp, 1974, 436.
[113] Ebd., 437.
[114] Ebd., 440.

werden Reproduktionen von Originalen vorgestellt, die ohne jeglichen Anspruch darauf entstehen, als echte Kunstwerke aufgenommen zu werden, und die trotzdem die Einmaligkeit einer entfernten Aura besitzen. Heinrich Lee fertigt sie nach der Begegnung mit dem aus Italien zurückgekehrten Landschaftsmaler Römer an. Als Römer Heinrichs mangelhafte Versuche in der Landschaftsmalereikunst ansieht, empfiehlt er sich als Lehrer für den jungen Maler. Von Römer erhält Heinrich die Aufgabe, einige in Italien gemalte Landschaftsveduten zu kopieren, die zur Verbesserung seiner Maltechnik beitragen sollen. Das Ergebnis überragt jedoch dieses einfache Ziel. Die Reproduktionen werden nicht nur als technisch gelungen beschrieben, sondern sie schaffen es sogar, eine identische Wirkung wie die Originale zu erzeugen, indem sie die italienische Landschaft auf vollkommene Art und Weise darstellen. Was hier insbesondere unterstrichen wird, ist die vermeintliche Echtheit und die auratische Wirkung dieser Reproduktionen im Vergleich zu Heinrichs bisher nicht gelungenen Versuchen, die Natur nachzuahmen.

In Heinrichs Ausbildung als Maler bedeutet die Begegnung mit Römer eine Stufe, in der das Kopieren von Werken erfahrener Künstler ihm ermöglicht, ein höheres technisches Niveau zu erreichen, das er allein als Autodidakt nicht hätte erlangen können.[115] Belegt ist zudem ihr autobiografischer Ursprung. Hinter der Figur Römers verbirgt sich der real existierende Landschaftsmaler Rudolf Meyer, der in der Tat aufgrund seiner langjährigen Aufenthalte in Italien im Volksmund „Römer" genannt wurde, und der dem achtzehnjährigen Gottfried Keller zwischen November 1837 und März 1838 Malunterricht erteilte.[116] Es ist nicht überliefert, ob der Unterricht bei Meyer wie im Roman ablief. Man behauptet jedoch, einen Einfluss auf Kellers malerische Produktion vor allem

---

[115] Die Römer-Episode wird vor allem im Hinblick auf ihre Bedeutung für Heinrichs persönliche Entwicklung interpretiert. Auf künstlerische Aspekte wird eher nur kurz eingegangen oder sie werden beiseitegelassen. Zu nennen ist u.a. die psychoanalytische Deutung von Gerhard Kaiser, der die Rolle von Römer als „(Nothelfer)-Vater" für Heinrich unterstreicht (vgl. Gerhard Kaiser: *Gottfried Keller. Das gedichtete Leben*, Frankfurt am Main: Fischer, 1981, 125–127). Der Episode wird auch die Rolle zugestanden, „ein traditionelles Versatzstück einer Maler-Vita, den Italien-Aufenthalt, ins Spiel zu bringen" (Gottfried Keller: *Sämtliche Werke. Historisch-Kritische Ausgabe* [im Folgenden zitiert als HKKA], Band 19, hg. von Peter Stocker et al., Basel/Frankfurt a. M.: Stroemfeld und Zürich: Neue Zürcher Zeitung, 2006, 10)4.

[116] Vgl. Bruno Weber: *Gottfried Keller Landschaftsmaler*, Zürich: Verlag Neue Zürcher Zeitung, 1990, 17.

Unkreatives Malen: Die Landschaft 69

in der Wiedergabe von Farbe und Licht zu spüren.[117] Das ließe eher an konkrete technische Hinweise denken als an eine Reproduktionsübung, die jedoch nicht auszuschließen ist.[118] Sei die Episode auch die getreue Wiedergabe einer im Leben des Autors wirklich stattgefundenen Begebenheit, so würde dieser Befund ihre symbolische Bedeutung nicht verringern. Heinrichs Entwicklung als Künstler und seine in der Romanfiktion beschriebenen Werke werden oft als kunstgeschichtliche Dokumente behandelt, als würden sie die Probleme der Kunst und insbesondere der Malerei seiner Epoche wiederspiegeln.[119] Sein Bildungsweg und Scheitern wurden als paradigmatische Darstellung für die ästhetischen und sozialen Bedingungen der Münchner Landschaftsmalerei angesehen.[120] *Der Grüne Heinrich* könne in seiner Beschreibung der Krise der Malerei im 19. Jahrhundert zwischen Klassizismus, Historismus und Realismus als „Quellentext für die Kunstgeschichte gelten".[121] Einen wichtigen Anstoß in dieser Richtung gab Oskar Bätschmanns grundlegende Studie über die Landschaftsmalerei zwischen 1750 und 1920 *Entfernung der Natur*. Hier bekam das Gemälde, das als „unendliches Gewebe von Federstrichen"[122] beschrieben wird, und an dem Heinrich

---

[117] Ebd.

[118] Unter den erhaltenen Werken Gottfried Kellers befinden sich jedoch einige, die möglicherweise nach Vorlagen Meyers entstanden sind (vgl. HKKA, 19, 105)

[119] Gerhard Kaiser hat jedoch davor gewarnt, „in den ästhetischen Reflexionen des grünen Heinrich und seiner Mitfiguren schlichtweg die Ästhetik Kellers zu suchen" sowie „in Heinrichs expliziten ästhetischen Meinungen und Urteile die im Werk verwirklichte Ästhetik zu sehen" (vgl. Kaiser: *Das gedichtete Leben*, a.a.O., 211.

[120] Armin Zweite: „Aspekte der Münchner Landschaftsmalerei", in: *Münchner Landschaftsmalerei 1800–1850*, hg. von Armin Zweite, München: Städtische Galerie in Lenbachhaus, 1979, 34–38, insb. 34: „Besonders deutlich wird dabei, wie langwierig und komplex jener Prozeß einer Neuorientierung war, der dazu führte, anstelle tradierter Vorbilder die Natur selbst zum Objekt künstlerischer Darstellung zu wählen. Die Problematik, für den neuen Motivbereich die entsprechenden Ausdrucksmittel zu entwickeln, beschreibt der Roman mit beispielloser Ausführlichkeit. Die Schilderungen haben symptomatischen Charakter und dürften für die Erörterung der Landschaftsmalerei in der ersten Hälfte des 19. Jahrhunderts auch insofern bedeutsam sein als sie durch authentische Erfahrungen des Autors abgesichert sind".

[121] Günter Hess: „Die Bilder des grünen Heinrich", in: *Beschreibungskunst – Kunstbeschreibung. Ekphrasis von der Antike bis zur Gegenwart*, hg. von Gottfried Bohm, Helmut Pfotenhauer, München: Fink, 1995, 376.

[122] HKKA, 12, 200.

in München „in dunklem Selbstvergessen"[123] arbeitet, ihren Platz neben Landschaftsbildern anerkannter Meister wie u.a. Ruisdael, Friedrich, Constable, Böcklin und Monet, und wird als eines der ersten Beispiele abstrakter Kunstwerke in der Literatur (nach Honoré de Balzac *Le chef d'œuvre inconnue*) anerkannt.[124] Dem Ansatz von Bätschmann folgten weitere Untersuchungen, die diese „kolossale Kritzelei"[125] zur „wohl berühmtesten Malerei-Passage des Romans" werden ließen.[126] In den unterschiedlichen Interpretationsangeboten, die sie angeregt hat, wird sie entweder als Symptom für Heinrichs ausweglose Lebenssituation oder als Vorstufe abstrakter Kunst gelesen.[127]

Die Reproduktionen von Römers Gemälden haben keine vergleichbare Aufmerksamkeit auf sich gezogen.[128] Man hat sie wahrscheinlich für das, was sie sind, d.h. für Kopien und nicht für originale Erzeugungen des jungen Malers Heinrich Lee gehalten. Weil sie das Verhältnis von Original und Kopie, von Natürlichkeit und Künstlichkeit radikal in Frage stellen, erweisen sie sich jedoch bei näherer Betrachtung als wichtig für die Interpretation des ganzen Romans. Wie oben erwähnt wurde, findet sich diese Episode im ersten Kapitel des dritten Buches (in der Einteilung der ersten Fassung) – d.h. in der Mitte der ganzen Handlung und kurz vor dem Schluss von Heinrichs Jugendgeschichte. Es empfiehlt

---

[123] Ebd., 221.
[124] Oskar Bätschmann: *Entfernung der Natur. Landschaftsmalerei 1750–1920*, Dumont: Köln,1989, 321–323.
[125] HKKA, 12, 221.
[126] Barbara Neumann: *Bilderdämmerung. Bildkritik im Roman*, Schwabe: Basel, 2012, 83.
[127] Vgl. z.B. Hess: „Die Bilder des grünen Heinrich", 285–389; Neumann: *Bilderdämmerung*, 90–94; Andrea Meyertholen: „It's Not Easy Being Green: The Failure of Abstract Art in Gottfried Keller's *Der grüne Heinrich*", in: German Studies Review 39.2 (2016): 241–258.
[128] In der Forschung findet man nur vereinzelte Hinweise auf die Reproduktionen: vgl. etwa Kaiser: *Das gedichtete Leben*, a.a.O., 187, der sie jedoch ausgehend aus einer vor allem auf die Erhellung psychoanalytischer Aspekte hinauslaufenden Perspektive als Schlüssel zur Interpretation von Römers Ängsten und Hemmungen versteht: „Daß Römer in Sorge ist, sein Schüler Heinrich könne ihm bei der fleißigen Kopierarbeit zu viel von den eigenen Studien wegnehmen, in denen sein einziges Vermögen bestehe, macht schlagartig deutlich, wie wenig Römer das Eigentümliche als Mitte der Kunst erfaßt, und hier durfte der verborgene Grund seiner Schwellenangst vor dem durchkomponierten Ölgemälde liegen."

sich jedoch, einige Etappen von Heinrichs Malerausbildung zusammenzufassen, in denen schon auf Natur und Natürlichkeit als der höchste Kunstzweck hingewiesen wird, das der Protagonist aber nicht erreichen kann und an dem er schließlich immer mehr bezweifelt. Dass Keller die Perspektive des jungen Heinrichs wählt, ermöglicht es dem Autor, die das Wesen der Kunst und Malerei betreffenden Probleme nicht als vorgegebene theoretische Basis zu präsentieren, sondern als progressive Stufen in der Erfahrung des auszubildenden Malers in die Erzählung einzufügen. Kurz nach seiner Entscheidung, Maler zu werden, liest Heinrich Gessners Werke und vor allem dessen *Brief über die Landschaftsmalerey*, die er zusammen mit Sulzers *Theorie der schönen Künste*, die er ebenfalls liest, in der Bibliothek seines Oheims zufällig findet. Gessners Schriften rezipiert er emphatisch, auch wenn er in seinem Rückblick insbesondere ihre „unschuldige Naivetät"[129] hervorhebt. Es lässt sich kaum bezweifeln, dass Heinrichs Rezeption von Gessners Theorien auf einem Missverständnis beruht.[130] Um eine getreue Interpretation scheint er sich jedenfalls nicht bemüht zu haben. Wichtiger ist die daraus resultierende Naturschwärmerei im Stile Rousseaus, die die Erzählung von Heinrichs Jugendjahren stets prägt.[131] Diese verwandelt sich sogar in eine ganz konkrete Naturaneignung: In Gessners Schiften sei nach Heinrichs Ansicht überall „von Natur, Landschaft, Wald und Flur die Rede";[132] den jungen Leser beeindruckt die Stelle im *Brief über die*

---

[129] HKKA, 11, 249.

[130] Zu Salomon Gessners Theorien der Landschaftsmalerei siehe Maurizio Pirro: „Theorien der Landschaftsmalerei im 18. Jahrhundert und ihre literarischen Auswirkungen", in: *Sprachkunst. Beiträge zur Literaturwissenschaft*, XL (2009), 201–212. Zu Heinrichs Missverständnis von Gessners Schrift siehe Jakob Christoph Heller: „‚Ein Verhältnis zum Ganzen' Verfahren der Idyllisierung in Gottfried Kellers ‚Der grüne Heinrich' (Erste Fassung)", in: *Prekäre Idyllen in der Erzählliteratur des deutschsprachigen Realismus*, hg. von Sabine Schneider/ Marie Drath, Stuttgart: Metzler, 2017, 152–166, insb. 163: „Während Geßner das Kopieren von Gemäldeteilen als wichtige Schulung der Wahrnehmung vorschlägt, um damit gelingende Teil-Ganzes-Relationen auch in der Abbildung der Natur zu üben, stürzt sich Heinrich Lee, den Fehler des jungen Geßner wiederholend, direkt in die Abbildung der Natur."

[131] Auf Heinrichs autobiographische Jugendgeschichte als Rousseau-Nachahmung machte der Autor selbst aufmerksam (vgl. Burkhard Meyer-Sickendiek: *Die Ästhetik der Epigonalität. Theorie und Praxis wiederholenden Schreibens im 19. Jahrhundert: Immermann – Keller – Stifter – Nietzsche*, Francke: Tübingen, Basel, 144–145).

[132] HKKA, 11, 249.

Landschaftsmalerei, „wo geraten wird, mannigfaltig gebrochene Feld- und Bachsteine auf das Zimmer zu tragen und darnach Felsenstudien zu machen".[133] Den kurz danach unternommenen Versuchen, zuerst einen Buchsbaum und dann eine junge Eiche nach der Natur zu malen, wird jedoch ein mäßiger künstlerischer Erfolg beschieden.[134] Trotzdem scheint der grüne Heinrich jetzt seinen endgültigen Weg gefunden zu haben. Seinem Vetter gegenüber äußert er die Idee einer ganz auf Natur und Natürlichkeit hinzielenden Landschaftsmalerei: sie bestehe darin, „dass man die stille Herrlichkeit und Schönheit der Natur betrachtet und abzubilden sucht, manchmal eine ganze Aussicht, wie diesen See mit den Wäldern und Bergen, manchmal einen einzigen Baum, ja nur ein Stücklein Wasser und Himmel."[135]

Im weiteren Verlauf des Romans wird Heinrichs Hoffnung nicht erfüllt und oftmals desillusioniert. Kunst und insbesondere die Landschaftsmalerei werden mehrmals als Betrug entlarvt, dessen Scheinnatürlichkeit nur das Ergebnis von künstlichen Verfahren ist. Bereits die folgende Episode weist in diese Richtung. Heinrich tritt als Lehrling in die Kupfer- und Steindruckerei des Kunstmalers und Kunsthändlers Herrn Habersaat ein, wo Lithografien nach vorgefertigten Mustern von einem Arsenal junger Malschüler protoindustriell produziert, vervielfacht und dann in alle Welt verschickt werden. Heinrichs Aufgabe besteht darin, landschaftliche Motive zu kopieren, die vom Erzähler als „Zeichnungen von einer gewissen Routine, ohne Naturwahrheit" definiert werden.[136] Selbst die von seinem Meister verfertigten Arbeiten zeichnen sich durch eine offensichtliche Naturferne aus. Ihre Farben seien „nicht wahr und bestanden aus sogenannten Phantasiefarben, welche in der Natur nicht anzutreffen waren, wenigstens nicht an der Stelle, wo sie gerade angewendet erschienen."[137] Trotzdem können sich diese Arbeiten beim Publikum eines großen Erfolgs erfreuen, weil dieselben Farben „glänzend und ansprechend

---

[133] Ebd.
[134] Für eine detailliertere Interpretation dieser Episode vgl. Ernst Osterkamp: „Erzählte Landschaften", in: *Der grüne Heinrich. Gottfried Kellers Lebensbuch – neu gelesen*, hg. von Wolfram Groddeck, Zürich: Chronos Verlag, 2009, 114–115 und Naumann, 79 ff.
[135] HKKA, 11, 265.
[136] HKKA, 11, 316.
[137] Ebd.

ineinander für den unkundigen Beschauer [spielen]."[138] Die Habersaat-Episode spielt selbstverständlich in Zusammenhang mit dem Thema von Künstlichkeit als Verfahren eine erhebliche Rolle.[139] In Habersaats Werkstatt kopiert Heinrich auch Landschaftsbilder, u.a. von Claude Lorrain und Salvator Rosa, die „gar nicht so übel" geraten.[140] Einmal genießt er das Privileg, „an die Stelle der papiernen Vorbilder die Natur selbst zu setzen"[141] – also statt sich mit dem Kopieren nach vorgefertigten Materialien zu begnügen, echte Naturmotive im Freien zu malen. Das Zeichnen nach der Natur sei für die anderen Schüler der Habersaat-Werkstatt, die für niedrige Arbeiten wie das Kolorieren von Lithografien ausgenutzt wurden, „ein wunderbarer Mythus"[142] gewesen. Auch in ihren Malübungen sollten sie sich streng an die vorgegebenen Vorlagen halten, und sie wurden von ihrem Lehrer, der hier quasi als satanische Antizipation von Kenneth Goldsmiths *Uncreative-Writing*-Konzept wirkt, bestraft, wenn sie einen kreativen Funken zeigten. Doch auch dieser Versuch, die Natur getreu nachzubilden, scheitert, wie man aus der Beschreibung von Heinrichs Oheim erfährt, dem die Zeichnungen gezeigt werden. Das Ergebnis ist das Bild einer Landschaft, die in der Wirklichkeit nicht existieren könnte:

„,Diese Bäume', sagte er, ,sehen ja einer dem andern ähnlich und alle zusammen gar keinem wirklichen! Diese Felsen und Steine könnten keinen Augenblick so aufeinanderliegen, ohne zusammenzufallen! Hier ist ein Wasserfall, dessen Masse einen der größeren Fälle verkündet, die aber über kleinliche Bachsteine stürzt, als ob ein Regiment Soldaten über einen Span stolperte; hierzu wäre eine tüchtige Felswand erforderlich, indessen nimmt es mich eigentlich Wunder, wo zum Teufel in der Nähe der Stadt ein solcher Fall zu finden ist! Dann möchte ich auch wissen,

---

[138] Ebd.

[139] Wolfgang Rohe hat zurecht in seiner Interpretation an die in der ersten Hälfte des 19. Jahrhunderts erfundenen Reproduktionstechniken erinnert, die den Kunstmarkt revolutionierten, und gezeigt, wie die Episode die veränderten Möglichkeiten der Kunstproduktion und -rezeption widerspiegelt (vgl. Wolfgang Rohe: *Roman aus Diskursen. Gottfried Kellers „Der grüne Heinrich" (erste Fassung 1854/1855)*, München: Fink, 1993, 36–47).

[140] HKKA, 11, 318.

[141] Ebd., 323.

[142] Ebd.

was an solchen verfaulten Weidenstöcken Zeichnenswertes ist, da dünkte mich doch eine gesunde Eiche oder Buche erbaulicher' u.s.f."[143]

Selbst Heinrich ist sich jetzt nicht mehr sicher, dass er sie nach der Natur gezeichnet hatte, obwohl er dafür keine andere Bezeichnung finden könnte.[144] Die angestrebte Natürlichkeit bleibt in ihnen jedenfalls aus.

Die Habersaat-Episode, in der das Verhältnis von Natürlichkeit und Künstlichkeit mehrmals auf den Kopf gestellt wird, ist somit ein Beweis dafür, dass der Gegensatz von Kopie und Original, der als Thema auch in den bereits oben erwähnten Reproduktionen auftritt, ein wiederkehrendes Motiv im Roman ist. Auch in der Römer-Episode stellt man die im *Grünen Heinrich* typische Polarität von Enthusiasmus und Desillusionierung, von Naturbegeisterung und realistischer Ernüchterung fest, die man schon aus den früheren Episoden kennt. Von der Lektüre von Goethes sämtlichen Werken beeinflusst, die in rauschhafter Ekstase in wenigen Tagen erfolgt, ist Heinrich zu der Überzeugung gelangt, dass er sich in seiner Landschaftsmalerei „ganz an die Natur" halten und sich „bei jedem Striche ganz klar" sein müsse.[145] Heinrich sieht vor sich „schon einen reichen Schatz von Arbeiten", die „alle hübsch, wert- und

---

[143] Ebd., 328.

[144] Vgl. ebd., 327: „[A]ls jedoch der Oheim die Zeichnungen betrachtete, welche ich nach der Natur gefertigt haben wollte (denn ich glaubte nun wie ein verstockter Lügner beinahe selbst daran und wusste überdies, da ich die Dinge einmal unter freiem Himmel und immerhin unter dem Einflusse der Natur zuwege gebracht, keine andere Bezeichnung dafür aufzufinden), da schüttelte er bedenklich den Kopf und wunderte sich, wo ich denn meine Augen gehabt hätte."

[145] HKKA, 12, 19. Kurz davor findet man auch Heinrichs Überlegung, die oft als Manifest von Kellers auf Goethe zurückweisendem ästhetischem Konzept verstanden wird: „Denn wie es mir scheint, geht alles richtige Bestreben auf Vereinfachung, Zurückführung und Vereinigung des scheinbar Getrennten und Verschiedenen auf Einen Lebensgrund, und in diesem Bestreben das Notwendige und Einfache mit Kraft und Fülle und in seinem ganzen Wesen darzustellen, ist Kunst." (ebd., 18). Preisendanz deutete Heinrichs Worte als Paraphrasierung des Schlusses von Goethes Aufsatz *Einfache Nachahmung der Natur. Manier. Stil* (Wolfgang Preisendanz: „Gottfried Keller: Der grüne Heinrich", in: Ders.: *Wege des Realismus. Zur Poetik und Erzählkunst im 19. Jahrhundert*, München: Fink, 1977, 100–101. Gegen die These, die vielfach in der Keller-Forschung formuliert wurde, diese „Figurenrede" Heinrichs „die ästhetische Maxime des ‚Grünen Heinrichs' … ja in nuce die Poetik Kellers" präsentiere, äußerten sich Kaiser (vgl. Kaiser: *Das gedichtete Leben*, a.a.O., 183 und Rohe (vgl. Rohe: *Roman aus Diskursen*, 86–88).

gehaltvoll aussahen, angefüllt mit zarten und starken Strichen, von denen keiner ohne Bedeutung" sei.[146] Das erste Ergebnis dieser neuen Phase in seinem Schaffen sei jedoch „ein trübseliges Gekritzel".[147] Gerade in diesem Augenblick tritt über seiner Schulter Römers Schatten hervor, der Heinrich darum bittet, ihm diese Zeichnung sowie die in seiner Mappe aufbewahrten Arbeiten zu zeigen. Römer weist den jungen Maler auf seine Fehler hin, vergleicht das Gezeichnete mit der Natur und erteilt ihm einige Anweisungen über Schatten und Licht. Durch Römer lernt Heinrich richtig sehen.[148] Das epiphanische Moment, das an Goethes Topos des Sehenlernens erinnert, geht auf dem Rückweg weiter, als Römer ihm andere Geheimnisse der künstlerischen Naturbetrachtung erschließt. Nach weiteren gemeinsamen Spaziergängen gewöhnt sich Heinrich, „die ganze landschaftliche Natur nicht mehr als etwas Rundes und Greifliches, sondern nur als Ein gemaltes Bilder- und Studienkabinett, als etwas bloß vom richtigen Standpunkte aus Sichtbares zu betrachten und in technischen Ausdrücken zu beurteilen."[149] In dieser Stelle kommt eine deutliche Wandlung in Heinrichs Anschauungen über die Landschaftsmalerei zum Ausdruck. Heinrich entfernt sich von der Idee einer naiven Naturbetrachtung als Basis für die Landschaftsmalerei. Natur und Natürlichkeit sind keine Synonyme mehr. Die Erste muss in einen künstlichen Raum wie ein Studienkabinett verfremdet werden, um dann erst recht wieder als „natürlich" abgebildet zu werden. Solche Gedanken finden sich oft in der Debatte über die Landschaftsmalerei seit dem 18. Jahrhundert: man denke etwa an Gessners Überlegung über die Notwendigkeit, „die Natur wie ein Gemälde zu betrachten".[150] Angesichts der in einem früheren Kapitel befindlichen Erwähnung von Gessners Schrift könnte man womöglich sogar von einem getarnten Verweis sprechen.[151] Was die Stelle verrät, ist Heinrichs Distanzierung

---

[146] HKKA, 12, 19.

[147] Ebd.

[148] Vgl. Ebd., 21: „Ich war erstaunt, zu entdecken, dass ich eigentlich, so gut ich erst kürzlich noch zu sehen geglaubt, noch gar nichts gesehen hatte, und ich staunte noch mehr, das Bedeutende und Lehrreiche nun meistens in Erscheinungen zu finden, die ich vorher entweder übersehen oder wenig beachtet."

[149] Ebd.

[150] Salomon Gessner: „Brief über die Landschaftsmahlerey", in: *Idyllen. Kritische Ausgabe*, hg. von E. Theodor Voss, Stuttgart: Reclam, 1973, 180.

[151] Die ganze Passage aus Gessners *Brief über die Landschaftsmahlerey* könnte man sogar als knappes Resümee von Heinrichs wiederholtem Scheitern betrachten,

vom Begriff der Landschaftsmalerei, die bloß als Nachahmung von Naturschönheit zu verstehen ist. Natürlichkeit kann also auch durch das Kopieren von Werken von anderen entstehen und nicht ausschließlich durch Originalwerke, die nach der Natur gezeichnet werden. Oder – mit anderen Worten – Natürlichkeit und Künstlichkeit, Echtheit und Unechtheit können auswechselbar sind.

Deshalb wird Heinrichs Fehllektüre von Gessners Theorien über die Landschaftsmalerei, die den Ursprung seiner mehrmals desillusionierten Naturbegeisterung bildete, gerade durch das Kopieren von Werken anderer Maler – ein Hinweis, der sich noch bei Gessner lesen ließe –[152] korrigiert. Kurz nach der ersten Begegnung zeigt Römer seinem jungen Freund seine in Italien angefertigten Veduten, die „in jedem Striche bewiesen, dass sie vor der lebendigen Natur gemacht waren."[153] Diese erhält Heinrich, damit er durch das Kopieren eine leichtere Technik erlangen könnte. Das Ergebnis übertrifft jedoch diese einfache Erwartung. Mehr als die Perfektion der Kopie überrascht jedoch deren Wirkung auf den Betrachter. Die erste Reproduktion einer großen Studie Römers ist dem Original so ähnlich, dass sein Urheber jetzt Angst hat, dass eine „förmliche Doublette"[154] seiner Arbeiten in die Welt gehen könnte, was ihm einen wirtschaftlichen Schaden zufügen würde. Daraus ergibt sich, dass

---

durch seine nach der Natur gezeichneten Gemälden einen natürlichen Eindruck zu erreichen. Vgl. ebd.: „Meine Neigung ging vorzüglich auf die Landschaft: und ich fing mit Eifer an zu zeichnen. Aber mit begegnete, was so vielen begegnet. Das beste und der Hauptendzweck ist doch immer die Natur. So dachte ich, und zeichnete nach der Natur. Aber was für Schwierigkeiten, da ich mich noch nicht nach den besten Mustern in der verschiedenen Art des Ausdrucks der Gegenstände geübt hätte! Ich wollte der Natur allzu genau folgen, und sah mich in Kleinigkeiten des Details verwickelt, welche die Wirkung des ganzen störten: und fast immer fehlte mir die Manier, die wahren Charakter der Gegenstände der Natur beybehält, ohne sklavisch und ängstlich zu seyn. Meine Gründe waren mit verwickelten Kleinigkeiten überhäuft, die Bäume ängstlich und nicht in herrschende Hauptpartien geordnet, alles durch Arbeit ohne Geschmack zu sehr unterbrochen. Kurz: Mein Auge war noch nicht geübt, die Natur wie ein Gemälde zu betrachten." Dazu Pirro: „Theorien der Landschaftsmalerei im 18. Jahrhundert", a.a.O., 208: „Die Natur soll der Maler zwar so erfassen, als ob sie ein fertiges Kunstwerk wäre. Die ästhetische Wirkung des gemalten Bildes auf den Betrachter steht aber in direktem Verhältnis zu der Art und Weise, wie es wiederum Natürlichkeit vorzuspiegeln vermag."

[152] Vgl. dazu Heller, „Ein Verhältnis zum Ganzen", a.a.O., 160.
[153] HKKA, 12, 22.
[154] Ebd., 29.

Unkreatives Malen: Die Landschaft

Heinrichs Plagiate also eine auratische Wirkung wie die Originale haben und ein betrügerisches Hier und Jetzt vortäuschen können. Heinrich ist selbst überrascht, dass er in der Lage gewesen ist, natürliche Italien-Bilder so darzustellen, dass man glauben kann, ihr Maler hätte diese Schauplätze und Landschaften mit seinen eigenen Augen gesehen:

„Durch diese Beschäftigung war ich wunderlicherweise im Süden weit mehr heimisch geworden als in meinem Vaterlande. Da die Sachen, nach welchen ich arbeitete, alle unter freiem Himmel und sehr trefflich gemacht waren, auch die Erzählungen und Bemerkungen Römers fortwährend meine Arbeit begleiteten, so verstand ich die südliche Sonne, jenen Himmel und das Meer, beinahe wie wenn ich sie gesehen hätte, wusste Kakteen, Aloe und Myrthensträuche besser darzustellen als Disteln, Nesseln und Weißdorn, Pinien und immergrüne Eichen besser als Föhren und nordische Eichen und Zypressen und Ölbäume waren mir bekannter als Pappeln und Weiden."[155]

Heinrichs Reproduktionen zeigen ein artifizielles Italien, das ihm als echter und natürlicher erscheint als die schweizerischen Landschaften und Naturbilder, die der Protagonist mehr oder weniger erfolgreich gezeichnet hatte:

„Selbst der südliche Boden war mir viel leichter in der Hand als der nordische [...] Am See von Nemi war ich besser zu Hause als an unserm See, die Umrisse von Capri und Ischia kannte ich genauer als unsere nächsten Uferhöhen. Die roten, mit Epheu bekleideten Bogen der Wasserleitungen in der sonnverbrannten braungelben römischen Campagne mit den blauen Höhenzügen in der Ferne und dem graurötlichen Duft am Himmel konnte ich auswendig herpinseln."[156]

Zu bemerken ist auch, wie die betrügerische Natürlichkeit dieser Bilder beschrieben wird. Sie entsteht nicht durch eine Ekphrasis, sondern als Ergebnis einer paradoxen Umkehrung von „fremd" und „heimisch", nach welcher einige Motive, die nicht zur persönlichen Erlebnissphäre der Ich-Person gehören, mit Ausdrücken wie „heimisch sein" oder „zu Hause sein" in Verbindung gebracht werden, und umgekehrt. Diese Umkehrung spielt somit auf die ebenfalls paradoxe Umwandlung von „Künstlichem" ins „Natürliche" an, die diese Kopien auszeichnen.

---

[155] Ebd., 29–30.
[156] Ebd., 30.

Zu Heinrichs weiteren Reproduktionsübungen zählen andere italienische Landschaften: eine sizilianische Küstenstudie mit einer bläulich im Meer funkelnden Stelle zwischen goldenen Felsen, oder die Trümmer eines dorischen Tempels, dessen weiße Marmorgebälke sich vom blauen Himmel abheben. Aus Heinrichs Beschreibung erfährt man, dass man diese Reproduktionen wiederum als perfekte Abbildungen real existierender Schauplätze und Landschaften halten könnte. Und man soll auch nicht denken, dass ihr realistischer und natürlicher Effekt nur als Folge von Heinrichs Fortschritten in der Maltechnik zu interpretieren ist. Als Gegenprobe kann man die Stelle anführen, an der Heinrich sich danach wieder in die freie Luft wagt, um nach der Natur zu zeichnen. Die ersten Ergebnisse sind genauso unbefriedigend wie seine früheren Versuche. Nur nach großer Mühe und langer Zeit und mehr durch Fleiß und persönlichen Ehrgeiz erreicht er einen mäßigen Erfolg: Die Papierbögen mit Baumgruppen, Steingeröllen und Buschwerken, die er im Sommer anfertigt, seien „weit entfernt, etwas Meisterhaftes zu verraten," doch sie können seiner Meinung nach als „eine erste ordentliche Grundlage zu der Mappe eines Künstlers" betrachtet werden.[157] Vergleicht man solch ein nüchternes Urteil mit den emphatischen Worten über seine Reproduktionen der Italienlandschaften, so kann man nicht umhin festzustellen, dass diese als vollkommene Kunstwerke aufzufassen sind, und jene höchstens als Beispiele amateurhaften Zeichnens gelten können.

Solche Überlegungen sind einerseits für die Erzählung von Heinrichs Ausbildung und andererseits auch für die Diskussion theoretischer und ästhetischer Fragen im *Grünen Heinrich* wichtig. Wie man gesehen hat, spielt das Verhältnis zwischen Original und Kopie innerhalb der ästhetisch-theoretischen Ebene des Romans eine nicht zu unterschätzende Rolle, da das Thema mindestens zweimal, zuerst in der Habersaat-Episode und dann in der Römer-Episode, vorkommt. Dass der Protagonist nicht durch das Zeichnen nach der Natur, sondern vielmehr durch die Reproduktion vorgegebener Vorlagen seine größten Erfolge in der Naturabbildung erreicht, bedeutet eine Umkehrung der gängigen Vorstellungen eines auf der Genieästhetik basierenden Kunstbegriffs. Nicht der Maler, der seine Bilder wie Originalerzeugungen zeichnet, wird im Roman als der bessere Künstler gelobt, sondern der Maler, der die Kopien so sorgfältig reproduziert, dass sogar eine Echtheitsaura in

---

[157] Ebd., 33.

ihnen zu erblicken ist. Die Habersaat-Episode hatte schon diesbezüglich gezeigt, wie die veränderten Grundlagen der Kunstproduktion in der Epoche des frühen Industrialismus eine Umkehrung im Verhältnis zwischen Original und Kopie zur Folge haben. Wenn die technische Reproduktion von Kunst als allgemeines Problem der Epoche im Roman verstanden wird, wird dieses Thema in der Römer-Episode dann durch den expliziten Bezug auf die italienische Landschaft um andere wichtige Implikationen erweitert. Innerhalb der deutschen und europäischen Kultur galt diese Landschaft seit Langem als Inbegriff von Natürlichkeit. In Carl Ludwig Fernows 1806 in Zürich erschienener Abhandlung *Über die Landschaftsmalerei* liest man z.B.: „Im Stil der italienischen Natur vereinigen sich Größe, Schönheit, Reiz und Anmuth in dem vollkommenen Verhältnis"[158]: Eine Landschaft also, in der Natur und Kunst nicht als Gegensätze empfunden werden, sondern sich verschmelzen. Es ist dieselbe Landschaft, in der der wichtigste Landschaftsmaler der deutschen Klassik Philipp Hackert seine Gedanken über die Landschaftsmalerei entwarf, nach welchen man sich streng an die Naturgesetze halten soll und in denen zudem das Zeichnen nach der Natur, „ohne sich zu lange mit Kopieren nach Zeichnungen aufzuhalten", als die beste Methode empfohlen wird, um ein guter Landschaftsmaler zu werden.[159] Es war Goethe, der Hackerts Entwurf über die Landschaftsmalerei als Nachtrag zu dessen Biografie edierte, die man übrigens üblicherweise auch in verschiedenen Editionen von Goethes Werken findet. Dass sie auch in der Gesamtausgabe enthalten war, die der grüne Heinrich vor seiner Begegnung mit Römer liest, kann man nur als Hypothese annehmen, da auch „einige künstlerische Monographien" erwähnt werden.[160] Jedenfalls ist Goethe, dessen Positionen über Italien und über die Landschaftsmalerei mit denen Hackerts identisch waren, im

---

[158] Zitiert nach Timothy F. Mitchell: *Art and Science in German Landscape Painting 1770–1840*, Oxford: Clarendon Press, 1993, 40.
[159] Philipp Hackert: „Über Landschaftsmalerei", in Johann Wolfgang Goethe: *Sämtliche Werke nach Epochen seines Schaffens. Münchner Ausgabe. Band 9: Epoche der Wahlverwandtschaften 1807–1814*, hg. von Christoph Siegrist, Hans J. Becker, Dorothea Hölscher-Lohmeyer, Norbert Miller, Gerhard H. Müller und John Neubauer, München: Carl Hanser Verlag, 852.
[160] HKKA, 12, 15.

Kapitel in verschiedenen Formen anwesend und er stellt sozusagen den Schutzpatron der ganzen Episode dar.[161]

Die Kopien von Römers Gemälden bedeuten nicht nur eine Distanznahme von Hackerts (und Goethes) Position. Sie lassen ebenfalls die postulierte Natürlichkeit und Aura der italienischen Landschaft als Betrug erscheinen, weil sie künstlich hergestellt werden kann. Trotzdem hält der Protagonist am Widerspruch fest, seine Kopien als getreue Abbilder von Natur zu verstehen, auch wenn er selbst weiß, dass sie nicht als solche zu betrachten sind. Das hängt damit zusammen, dass er die Zugehörigkeit von Römers Italien-Bildern zu dem streng kodierten Genre der Landschaftsmalerei nicht erkennt, in dem seit Claude Lorrain mehr ein Ideal als eine topographische Realität dargestellt wird.[162] Weil die realen Schauplätze, in denen sie gemalt wurden, ihm fremd sind, verwechselt er also die Idee der Natur, die sie ausdrücken, mit Natürlichkeit. Als erfahrener Landschaftsmaler dürfte der Autor Gottfried Keller diese naive Einstellung seiner Hauptfigur nicht teilen. Eine Kritik an der klassischen Vorstellung der Italienlandschaftsmalerei lässt sich jedenfalls schon in der hier thematisierten Umkehrung von Echtheit und Unechtheit ablesen. Dass solche Landschaftsbilder zudem zur Zeit der Romanentstehung als stereotypisierte und epigonale Kunstprodukte erscheinen sollten, geht auf das damals verbreitete Bewusstsein zurück, in einer Epoche nach dem goldenen Zeitalter der klassisch-romantischen Literatur zu leben, in der keine originalen Erzeugungen mehr möglich sind und man stattdessen auf Imitationen und auf Reproduktionen von bereits Bestehendem angewiesen war.[163] Deshalb findet die Erinnerung an Goethes Tod, der diese historische Zäsur markiert, auch im Roman Erwähnung, als Heinrich die Ausgabe von Goethes Werke in seinem

---

[161] Das gilt für die erste Fassung des Romans, die die Grundlage dieser Analyse darstellt. In der Fassung von 1879/1880, ist die Goethe-Lektüre von der Römer-Episode durch die Kapiteleinteilung getrennt. Es sei zudem daran erinnert, dass auf die Analogie Römer/Goethe mehrmals hingewiesen worden ist (vgl. Rohde, *Roman aus Diskursen*, a.a.O., 91).

[162] Vgl. dazu Friederike Sack: „Italien und die Tradition der Ideallandschaft. ‚Der höchste anschauende Begriff von Natur und Kunst'", in: *Kennst du das Land. Italienbilder der Goethezeit*, hg. von Frank Büttner und Herbert W. Rott, München/Köln: Pinakothek-DuMont 2005, 83–105.

[163] Über Gottfried Kellers Auseinandersetzung mit Epigonalität und Epigonentum als epochengeschichtliches Phänomen, vgl. Meyer-Sickendiek: *Die Ästhetik der Epigonalität*, a.a.O., 137–144.

Haus findet.[164] Dem klassischen Italien-Bild haftet das Stigma der Epigonalität auch anderswo in Kellers Dichtung an: „Unser ist das Reich der Epigonen, / Die im großen Herkulanum wohnen", heißt es in den Anfangsversen eines 1847 komponierten Gedichts.[165]

Sowohl durch das technische Verfahren, das ihrer Entstehung zugrunde liegt, als auch durch das in ihnen dargestellte Motiv weisen die Reproduktionen von Römers Gemälde also auf die epigonale Position der Kunst und der Künstler in seiner Epoche hin.[166] Damit tritt ein Thema im Roman auf, auf das in Kellers späterem Werk noch ausführlicher zurückgegriffen wird, indem es zum Gegenstand einer selbstständigen Erzählung gemacht wird. In der nach dem mittelalterlichen Dichter Johannes Hadlaub betitelten Erzählung, die die *Züricher Novellen* eröffnet, beschreibt Keller, historischen Hypothesen über diese Figur folgend, Hadlaubs Werdegang als Minnesänger. Dieser vollzieht sich, nachdem er für die Familie Manesse Minnelieder von verschiedenen Sängern sammelt und abschreibt. Durch das Abschreiben fremder Gedichte wird er dann selbst zum Dichter, der nicht nur von der adligen und bürgerlichen Gesellschaft von Zürich als solcher anerkannt wird, sondern sogar die Gunst seiner Geliebten Fides erlangt. Komplementär zu dieser Idee steht die Geschichte des Herrn Jacques, die die Rahmenerzählung der *Züricher Novellen* bildet, und der am Schluss seinen Anspruch aufgibt, ein Originalmensch zu werden. Bei Johannes Hadlaub, dessen Geschichte wohlgemerkt im Mittelalter und somit vom kulturhistorischen Standpunkt aus vor der Entstehung der Genie- und Originalitätsästhetik spielt, lässt sich von einer erfolgreichen Schließung des Kreises von Reproduktion und Produktion sprechen, die nicht als Gegensätze verstanden werden und sich als komplementäre Seiten dichterischer Schöpfung ergänzen können. Hadlaub konnte also als Modell für eine Kunst gelten, die mit dem Selbstbewusstsein der Epigonalität der Epoche abzufinden weiß, indem sie sich vom Ideal der Originalität

---

[164] Vgl. HKKA, 12, 15.
[165] HKKA, 13, 203.
[166] Die Behandlung von Epigonalität und Epigonentum im *Grünen Heinrich* ist Gegenstand von Meyer-Sickendieks Untersuchung. Hier konzentriert sich der Ansatz jedoch vor allem auf die Analogien zwischen *Grünem Heinrich* und Rousseaus *Bekenntnissen*, um Kellers „kritische Distanz" (vgl. Meyer-Sickendiek: *Die Ästhetik der Epigonalität*, a.a.O., 142) zur Epigonalitätsproblematik zu untersuchen.

und Natürlichkeit verabschiedet hat.[167] Beim *Grünen Heinrich* wird dieser Schritt nicht vollzogen. Sein Scheitern als Künstler, nachdem er sich als guter Nachahmer und Kopierer erwiesen hat, hängt auch mit seiner Unfähigkeit zusammen, über das Verhältnis von Originalen und Kopien auf einer neuen Basis zu reflektieren.

---

[167] Dazu Christian Begemann: „Röderers Abbildungen – Hadlaubs Abschriften. Einige Überlegungen zu Mimesis und Wirklichkeitskonstruktion im deutschsprachigen Realismus", in: *Die Dinge und die Zeichen. Dimensionen des Realistischen in der Erzählliteratur des 19. Jahrhunderts*, hg. von Sabine Schneider und Barbara Hunfeld, Würzburg: Königshausen & Neumann, 2008, 25–41.

Kunstlicht und magischer Schatten.
Künstlichkeitsverdunkelungen in Zaubertexten der Gegenwart

Kay Wolfinger

Seit dem 18. Jahrhundert hat das Kunstlicht als differenzierte Bühnenbeleuchtung Einzug in den Theaterraum gehalten. Eine Mediengeschichte des Varietés, der kleinen Künste ist auch eine Mediengeschichte der Lichtverhältnisse, der Belichtungen, der Schattenwürfe, der Ins-Verhältnis-Setzung von belichteten und beleuchteten und von verdunkelten Passagen.[168]

Literarische Texte der Gegenwart erzählen in Intervallen ihres Erscheinens mit erstaunlicher Regelmäßigkeit von magischen Bühnensituationen.

Darum bezieht sich dieser Aufsatz im Folgenden auf prominente Literaturbeispiele der Gegenwartsliteratur und versucht innerhalb dieser die Texte zu eruieren, die sich für Zauber und Magie (nicht nur auf Motivebene) interessieren.

Leitend wird hierbei die These sein, dass die Textkonstruktionen an einer Verschleierung der Künstlichkeit der dargestellten Magie arbeiten, bei der es sich nicht um „reale Magie" handelt. Durch die Künstlichkeitsverdunkelung der dargestellten Magie findet eine Faszinationserhellung statt.

Eine Leitfrage wäre, ob sich aus der sich ergebenden Untersuchung ein Künstlichkeitseffekt der Interpretation ableiten lässt. Denn die Interpretation vermag die Faszinationserhellung der Künstlichkeitsverdunkelung nicht zu erfassen: Die Interpretation bleibt angesichts des Textfaszinosums künstlich.

---

[168] Siehe zur Erforschung der Lichtverhältnisse: Wolfgang Schivelbusch: Lichtblicke. Zur Geschichte der künstlichen Helligkeit im 19. Jahrhundert, München 1983. Wolfgang Schivelbusch: Die andere Seite. Leben und Forschen zwischen New York und Berlin, Hamburg 2021, S. 151 ff.

1. Ein Texttableau der Gegenwart

Die Gegenwartsliteratur der letzten Jahre formuliert in ihren Texten immer wieder Situationen, in denen Künstlichkeit generell in ihrer Erscheinungsweise wesentlich wird für die Interpretation des Textes.

Roman Ehrlichs Roman *Das kalte Jahr* eröffnet ein Jahr des Winters, der Kälte und Schnees; die Rhythmen der Natur sind ausgehebelt, durchbrochen wird der Text von technologischen Recherchen des Ich-Erzählers, der sich auch seiner existentiellen Künstlichkeit und Seltsamkeit, in der er sich befindet, stellen muss. Ehrlichs Interesse an Künstlichkeitssituationen findet ihre Darstellung auch mannigfaltig in seinem Erzählband *Urwaldgäste*, wo zum Beispiel in der Geschichte *Die Intelligenz der Pflanzen (Naturtreue)* eine Firma geschildert wird, welche Künstlichkeit als Produktionsleistung auf ihre Fahnen geschrieben hat und Abgussvorlagen in Serie herstellt.[169] Das bekannteste Beispiel an Künstlichkeitsfigurationen, denen sich ein Roman auch thematisch und von der Handlungsstruktur her widmet, ist Eckhart Nickels *Hysteria*. Der Textbeginn lautet:

„Mit den Himbeeren stimmt etwas nicht. Die kleinen geflochtenen Holzschalen, die Bergheim auf dem Markt immer hochhob, um zu sehen, ob sich das weiße Vlies am Boden schon von zerfallenden Früchten rötlich verfärbte, waren übervoll mit zu dunklen Beeren. Während der natürliche Prozess ihrer Auflösung sich in der Regel als Schimmel zeigte, der über die zum Platzen mürben Fruchtgefäße hinauswuchs, handelte es sich hier um einen zutiefst beunruhigenden Farbwechsel. Die Farbe, an die sich Bergheim bei Bio-Himbeeren seit vielen Jahren gewöhnt hatte, war ein blasses, bläuliches Rot, das bei Lichteinfall fast durchscheinend wirkte. Diese aber waren anders, sie leuchteten in schwärzlichem Purpur, was den Früchten etwas entschieden Jenseitiges gab."[170]

Der Text erzählt die Geschichte des hypersensiblen Bergheim, der sich auf die Suche nach der Beschaffenheitsveränderung von Früchten und Lebewesen macht.

---

[169] Roman Ehrlich: Das kalte Jahr, Köln 2013; Roman Ehrlich: Die Intelligenz der Pflanzen (Naturtreue). Erster Teil, in: ders.: Urwaldgäste. Erzählungen, Köln 2014, S. 83–123; Roman Ehrlich: Die Intelligenz der Pflanzen (Naturtreue). Zweiter Teil, in: ders.: Urwaldgäste. Erzählungen, Köln 2014, S. 173–217.

[170] Eckhart Nickel: Hysteria. Roman, München 2018, S. 9.

2. Künstlichkeitsverdunkelung vs. Interpretationskünstlichkeit (Künstlichkeitseffekt der Interpretation)

Ich möchte mich jedoch dem bereits eingangs benannten Effekt der Künstlichkeitsverdunklung widmen, der besonders evident wird in Texten der Gegenwartsliteratur, die einen Bühnenzauber szenisch schildern, d.h. Texte, in denen die Zaubererfiguren in besonderer Weise bemüht sind, die Künstlichkeit zu verschleiern, den Trick zu verdunkeln, um durch eine geschickte Lenkung der Aufmerksamkeit den Zauber echt, vielleicht natürlich aussehen zu lassen. Beleuchtet ist nur das, was wir sehen sollen; der magische Schatten, den solche verzauberten Bühnendarstellungen der Gegenwartsliteratur liefern, ist ein Faszinierendwerden der Interpretation. Darum noch einmal die These: Die Künstlichkeitsverdunkelung führt in Zaubertexten zu einer Interpretationsprovokation, welche den Schatten des Textes deuten will. Aber die Interpretation in ihrer Künstlichkeit tritt nie aus dem magischen Schatten des Textes heraus. Das Faszinosum ist die Präsenz des Zaubertextes, um Hans Ulrich Gumbrechts Forschungen weiterzudenken.[171]

Schon in den Memoiren des Zauberers Robert-Houdin reflektiert der sich selbst in seiner Erinnerung magisch und hagiographisch aufladende Autobiograph, wie wichtig das Bemühen des Zauberers war, auf künstliche Tricktechnik zu verzichten:

„Ich wollte bei der Ausführung meiner Kunststücke auf die Verwendung von Schachteln mit doppeltem Boden verzichten, mit denen durch die meisten Taschenspieler soviel Mißbrauch getrieben wurde, sowie auf Apparate, die einen falschen Eindruck von der Geschicklichkeit des Vorführenden gaben. / Die wirkliche Zauberkunst darf nicht das Werk eines Klempners sein, sondern das des Künstlers selbst; man kommt nicht zu ihm, um Apparate funktionieren zu sehen"; sondern – so könnte man ergänzen –, um die Aura des magischen Schattens zu erleben, den der Zauberer im Rampenlicht wirft.

Interessant auch die Beleuchtungssituation auf der Bühne, die genau eine solche, uns interessierende Präsentationsfrage des Kunststücks beschreibt. Robert-Houdin weiter:

---

[171] Siehe: Hans Ulrich Gumbrecht: Präsenz, Berlin 2012.

„Auf meiner Bühne sollten Gaslampen mit Milchglasscheiben die vielen Kerzen und Lichter ersetzen, deren Glanz nur dazu diente, die Zuschauer zu blenden und so die Wirkung der Kunststücke zu beeinträchtigen."[172] Man soll durch Beleuchtung also klar sehen können.

Schauen wir nun auf eine literarische Urszene, welche sich sowohl der Zuschauerblendung als auch der Wirkung der Kunststücke verschrieben hat und die fortan literaturgeschichtlich die Grundfolie geworden ist für die Zaubertexte der literarischen Gegenwart.

3. Faschistische Hypnose

Das erste Textbeispiel, das für die Künstlichkeitsverdunkelung auch thematisch interessant ist, stammt von Thomas Mann, der in seiner Familie „der Zauberer" genannt wurde, was der im Herbst 2021 erschienen Romanbiographie von Colm Tóibín auch ihren Titel gab[173], und der Text heißt *Mario und der Zauberer*. In der 1930 erschienenen Novelle reist eine Familie Ende der 1920er Jahre zum Sommerurlaub nach Italien und wird dort Zeuge des nach der faschistischen Machtergreifung entfachten Nationalismus. Die bisher gängigsten Interpretationslinien der Forschung gehen in diese Richtung. Worum es mir allerdings im Folgenden geht, ist, diesen Text in der Bühnenfiguration der Zauberei als Grundfolie für Texte der Gegenwartsliteratur lesbar zu machen, die genau das Setting von *Mario und der Zauberer* übernehmen: Ein Bühnentrick wird als Zauberkunststück und Trickmagie für die Rezeption eines Publikums

---

[172] Die Memoiren des Zauberers Robert-Houdin. Herausgegeben und mit einem Vorwort von Alexander Adrion, Frankfurt am Main 1981, S. 156.

[173] Siehe z.B.: „Er zauberte noch immer bei Tisch, und einmal hatte er sich zu einem Fest, das er mit Erika und Klaus besuchte, als Zauberer verkleidet. Ein paar Tage später hatte Klaus einen Alptraum gehabt, in dem ihm ein Mann begegnete, der seinen Kopf unter dem Arm trug. Thomas hatte Klaus eingeschärft, den Mann nicht anzusehen, ihm aber klipp und klar zu sagen, dass sein Vater ein berühmter Zauberer war und dass er gesagt hatte, der Kopflose habe im Schlafzimmer eines Kindes nichts zu suchen und möge sich schämen. Er ließ Klaus diese kurze Ansprache mehrere Male wiederholen. / Am nächsten Morgen erzählte Klaus seiner Mutter beim Frühstück, sein Vater habe magische Kräfte und kenne die richtigen Worte, um ein Gespenst zu bannen. / ‚Papa ist ein Zauberer', sagte er. / ‚Er ist der Zauberer!', wiederholte Erika. / Anfangs nur ein Witz, oder ein Mittel, die Tischrunde aufzuheitern, blieb der neue Spitzname für ihren Vater haften. Erika forderte jeden Besucher auf, ihren Vater, wie sie, mit diesem neuen Namen anzureden." Colm Tóibín: Der Zauberer. Roman, München 2021, S. 168–169.

als solcher in seiner Künstlichkeitsanlage unsichtbar gemacht, um im Kunstlicht, um die metaphorisch formulierte These noch einmal zu nennen, um im Kunstlicht der Bühne einen magischen Schatten zu werfen; dieser Schatten ist das eigentliche Faszinosum des Zaubertextes, um diese Gattungsbezeichnung von Robert Stockhammers Buch wiederzuverwenden.[174]

Die in der Mann'schen Novelle angelegte Überblendung des Bühnenspektakels mit dem aufziehenden Zauber des Faschismus also der somnambulen Hypnosewirkung legt der icherzählende Familienvater, der die Novelle erinnert, schon nahe: „Gottlob haben sie [die Kinder] nicht verstanden, wo das Spektakel aufhörte und die Katastrophe begann, und man hat sie in dem glücklichen Wahn gelassen, daß alles Theater gewesen sei."[175] (69) Dieser theatrale glückliche Wahn ist der Künstlichkeitseffekt, bei dem hier insinuiert wird, Wahn zu sein, nicht echt, nicht gut. „Hätten wir nicht abreisen sollen? / Hätten wir es nur getan!" (78) Aber wie sich der Text hier ins Wort fällt, wird dieser Zweifel gleich darauf relativiert; man muss sich der unheimlich aufziehenden Künstlichkeit stellen, auch wenn ihr Wesen ist, uns nicht vertraut zu sein. „Soll man ‚abreisen', wenn das Leben sich ein bißchen unheimlich, nicht ganz geheuer oder etwas peinlich und kränkelnd anläßt?" (79) Zentraler Fokus des Textes sind der Auftritt und die Show des Cavaliere Cipolla: „ein fahrender Virtuose, ein Unterhaltungskünstler, Forzatore, Illusionista, und Prestidigatore (so bezeichnete er sich), welcher dem hochansehnlichen Publikum von Torre di Venere mit einigen außerordentlichen Phänomenen geheimnisvoller und verblüffender Art aufzuwarten beabsichtigte. Ein Zauberkünstler!" (79) Wirkt der Bühnenvortrag, den der Ich-Erzähler mit seiner Familie im Verlauf der Handlung besuchen wird, an der Künstlichkeitsverdunkelung mit, bei der Rechenkunststücke und Mentalmagie als großer Bühnenzauber präsentiert wird, fungiert das arrogant-souveräne Gehabe des Cavaliere Cipolla als Gegensatz zur Hässlichkeit und zum Grotesken seiner Erscheinung; also eine Art Hässlichkeitsverdunkelung durch den

---

[174] Robert Stockhammer: Zaubertexte. Die Wiederkehr der Magie und die Literatur, Berlin 2000.

[175] Belegt mit Seitenzahlen in Klammern im Haupttext und zitiert nach: Thomas Mann: Mario und der Zauberer. Ein tragisches Reiseerlebnis, in: ders.: Tonio Kröger; Mario und der Zauberer. Ein tragisches Reiseerlebnis, Frankfurt am Main 1983, S. 69–114.

Zauberauftritt, eine körperliche Hässlichkeit, die man von den kränkelnden und defekten Männergestalten Thomas Manns kennt; „die Haartracht [des Zauberers hatte] etwas eines altmodischen Zirkusdirektors, lächerlich, aber durchaus zum ausgefallenen Persönlichkeitsstil passend". „Der ‚kleine Leibesschaden', von dem er vorbeugend gesprochen hatte, war jetzt nur allzu deutlich sichtbar, wenn auch immer noch nicht ganz klar nach seiner Beschaffenheit" (88). Er arbeitet mit der Auswahl seiner Versuchspersonen aus dem Zuschauerraum, doch als ein Proband, der mit Kreide Zahlen an einer Schiefertafel notieren soll, bekennt, dass er nicht schreiben könne, beschimpft er diesen. Obwohl die Zauberkunststücke der Künstlichkeitsverdunkelung schon von ihrem Wesen her selbst eine irrationale Finsternis sind, beschwert sich Cipolla, dass Analphabetismus angesichts der Größe der Nation keine Daseinsberechtigung habe: „Geht an eure Plätze! Jedermann kann schreiben in Italien, dessen Größe der Unwissenheit und Finsternis keinen Raum bietet." (90) Unwissenheit und (Künstlichkeits)Finsternis angesichts der Magie sind allein die Kategorien, in die das Publikum in einem Faszinations- und Überwältigungsmoment versetzt werden soll: „Staunen und großer Beifall. Die Kinder waren überwältigt. Wie er das gemacht habe, wollten sie wissen. Wir bedeuteten sie, das sei ein Trick, nicht ohne weiteres zu verstehen, der Mann sei eben ein Zauberkünstler. Nun wußten sie, was das war, die Soiree eines Taschenspielers." (94) Bei den Rechenkunststücken ist für den Ich-Erzähler die Künstlichkeit zu durchschauen: „Und doch war klar, daß dieser Bucklige nicht zauberte, wenigstens nicht im Sinne der Geschicklichkeit, und daß dies gar nichts für Kinder war", so schreibt er gepaart, mit dem Generalvorwurf: „Dazu der Patriotismus und die reizbare Würde" (94). Den affektgeladen effektiven Umschlagsmoment, in dem sich die Faszinationskraft der Zauberdarbietung steigert, ist der Undurchschaubarkeitsmoment, als der Kunstschatten undeutbar wird für den Ich-Erzähler: wahre Hypnose, vielleicht das Gegenteil eines Künstlichkeitszaubertricks: „Jeder hat auch dabei seine kleinen, neugierig-veräctlichen und kopfschüttelnden Einblicke in den zweideutig-unsauberen und unentwirrbaren Charakter des Okkulten getan, das in der Menschlichkeit seiner Träger immer dazu neigt, sich mit Humbug und nachhelfender Mogelei vexatorisch zu vermischen, ohne daß dieser Einschlag etwas gegen die Echtheit anderer Bestandteile des bedenklichen Amalgams bewiese." (97) Und der Höhepunkt der Überzeugungskraft, als sich die Künstlichkeit verschleiert, ist die Bühnenhypnose, der Programmpunkt, in dem der titelgebende Mario für das Publikum dem Spott preisgegeben wird, als er sich seine Geliebte einbildet und die wahre Liebe als Künstlichkeit der Hypnose vorgespielt wird, als eben Mario den Zauberkünstler Cipolla, dessen Geschlecht sich in Marios Wahrnehmung gewandelt hat, auf der Bühne küsst. „Dieser selbstbewußte Verwachsene war der stärkste Hypnotiseur, der mir in meinem Leben vorgekommen", muss der Ich-Erzähler zugeben. (101) Final bricht sich die Wirklichkeit bahn, als der aus der Hypnose erwachte Mario Cipolla auf offener Bühne erschießt und der künstlichen Illusion ein Ende bereitet. Die Faszinationskraft der Künstlichkeitsverdunkelung ist einem Schauder- und Schreckensmoment gewichen. Am Schluss heißt es: „,War das auch das Ende?' wollten sie [die Kinder] wissen, um sicher zu gehen... ,Ja, das war das Ende', bestätigten wir ihnen. Ein Ende mit Schrecken, ein höchst fatales Ende. Und ein befreiendes Ende dennoch, – ich konnte und kann nicht umhin, es so zu empfinden!" (114) Obwohl die Künstlichkeitsverdunkelung bei Mario und seinem Zauber vorüber und wieder im strahlenden Licht der Aufklärung ist, wirkt diese Thomas-Mann-Novelle szenenbildend auf die Texte der Gegenwart.

4. Bühnenzauber, der ins Leben wirkt

Springen wir nun in die Literatur der Gegenwart, bzw. in die deutschsprachige Literatur des letzten Jahrzehnts. Hier findet man verschiedene Versionen, Reaktualisierungen und „Neufassungen" von *Mario und der Zauberer*, die uns alle Aufschluss darüber geben, wie die Beschaffenheit des Zaubertricks dessen Künstlichkeit unsichtbar werden lässt.

Das erste Beispiel, das ich gewählt habe, ist das des Bestsellerautors Daniel Kehlmann, zu dessen Werk die Forschung in den letzten Jahren beträchtlich angewachsen ist. Daniel Kehlmann hat mit dem Roman *Beerholms Vorstellung*, seinem Erstling, sein Œuvre gleich mit einer Geschichte über Zauberei und Bühnenmagie begonnen. In dieser Geschichte eines Zauberers heißt es einmal passend zum heutigen Thema:

„Solange ich weiß, daß ich Tricks gebrauche, bin ich ein kleiner Gaukler und sonst nichts, und jede Bewegung, jedes Wort, jede Geste von mir wird die Peinlichkeit dieses Wissens ausdrücken. Warum sind denn die meisten Zauberer, selbst wenn sie ihre Sache ganz gut können, so elende Gestalten? Deswegen. Weil sie sich albern vorkommen. Weil etwas in ihnen nicht vergessen kann, daß sie nicht zaubern können, daß sie keine Macht über die Wirklichkeit haben, nicht einmal über das kleine Kartenspiel in ihren Händen. Sagen wir also klar und in aller möglichen Brutalität: Hinter unserer Kunst steckt eine Lüge."[176] Diese Lüge, diese Künstlichkeit, zu tilgen, ist fortan sein Anliegen; also nicht Künstlichkeitsverdunkelung, sondern Künstlichkeitsüberwindung zugunsten realer und wahrer Magie, zu der die Trickkunst geworden ist.

Bei Thomas Mann sind die Künstlichkeitsverdunklung und der faszinierende Wahn des Zaubertricks, der den Rezipienten in den magischen Schatten zieht, den der Auftritt im Kunstlicht wirft, in *Mario und der Zauberer* dreifach entfaltet: als erstens unheimliche und unheilsame Urlaubsbegegnung, als ins Gegenteil umschlagende Vergnügungsstunde des deutschen Ehepaars und seinen beiden Kindern inmitten der italienischen Bevölkerung, als zweitens Unheilsgeschichte von Torre di Venere, wo der Hypnotisierte anschließend die künstliche Bühnensituation der Hypnose verlässt und mit der Ermordung des magischen Zeremonienmeisters die Ernsthaftigkeit einer vermeintlich realen Welt wieder Gestalt werden lässt und als drittens Gesamtrahmen der Novelle die bereits im Urlaubsleben und in der Bühnenmagie sich andeutende Vision des aufziehenden Faschismus. Bei Daniel Kehlmann ist die Künstlichkeitsverdunkelung ins existentielle Entscheiden eines Individuums gewendet, eine Entscheidung, die vermeintlich – es ist nicht eindeutig zu deuten –, während einer Hypnoseshow getroffen wird und in der Künstlichkeitssituation der Bühne.

Die Passage, die mich in unserem Kontext darum interessiert, findet man in seinem Roman *F* von 2013. Es ist gleich der Beginn des Buches, seltsamerweise eine Gemeinsamkeit, die er mit dem gleich noch folgenden Textbeispiel teilt, der ein Echo auf Thomas Manns Novelle ist.[177]

Der älteste Sohn des Schriftstellers Arthur wird beim Besuch einer Vorstellung eines Hypnotiseurs auf die Bühne geholt und spielt insofern bei den Spielregeln der Show mit, als er bei dieser Vorführung simuliert, seinen Namen vergessen zu haben. Die Peinlichkeit, dass dies aber keineswegs so ist, wollte er aber nicht zugeben, „wo der ganze Saal doch meinte, er wäre in Trance."[178] Er kehrt auf seinen Platz zurück. Auf die Frage

---

[176] Daniel Kehlmann: Beerholms Vorstellung. Roman [1997], Reinbek bei Hamburg 2009, S. 128.

[177] Siehe z.B. für eine bestimmte Form der Geheimnisstruktur in Kehlmanns Texten: Mark M. Anderson: Der vermessende Erzähler. Mathematische Geheimnisse bei Daniel Kehlmann, in: Text + Kritik 177 (2008), S. 58–67.

[178] Daniel Kehlmann: F. Roman, Reinbek bei Hamburg 2013, S. 34.

seines Bruders, ob er alles vergessen habe, wollte Iwan antworten, „dass er natürlich nichts vergessen hatte und dass das Ganze ein albernen Trick gewesen war", eine Erzeugung der Künstlichkeit innerhalb dieses Tricks offenbar aus der Beobachtungssituation heraus, „aber da bemerkte er, dass die Leute in den Reihen vor ihnen sich umgedreht hatten. Sie sahen nicht auf die Bühne, sondern zu ihm." Die Bühne ist nun nicht mehr der beleuchtete Raum vorn, sondern sein Platz im Zuschauerraum. „Er blickte sich um. Alle Menschen im Theater sahen ihn an."[179] Schließlich ist der Vater an der Reihe. Er glaubt nicht, dass der Hypnotiseur etwas bei ihm ausrichten kann, und gerade dies wird ein Grund sein, warum die Rezipient*innen einen Texteffekt vorgeführt bekommen, bei dem wir nicht entscheiden können, ob die Künstlichkeitsverdunkelung tatsächlich nur der Fake, etwas Vorgespieltes ist, oder ob die existentielle Änderung im Leben des Vaters, die von der Bühnenhypnose ihren Ausgangspunkt nimmt, echt ist. „Sie können mich nicht hypnotisieren", sagt Arthur. „Ich weiß, wie das funktioniert. Etwas Druck, etwas Neugier, der Wunsch dazuzugehören, die Angst, etwas falsch zu machen. Und natürlich die Sehnsucht nach einem Erlebnis. Aber nicht bei mir."[180] Arthur wehrt sich Anfangs noch gegen die Hypnose, wird aber zunehmend zu einem Teil der Künstlichkeitsverdunkelung: Es wird also für den Rezipienten ununterscheidbar, ob der auf ihn existentiell wirkende Überschlagseffekt der Hypnose tatsächlich wirkt oder ob er bei der Logik des Bühnenzaubertricks nur mitspielt. Anfangs sagt Arthur noch zum Hypnotiseur: „Sie richten das Bewusstsein auf sich selbst, oder? Das ist der Trick. Die Aufmerksamkeit richtet sich auf die Aufmerksamkeit. Darauf, wie sie sich auf sich selbst richtet."[181] Im sich daran anschließenden Hypnosedialog wirkt es aber so, als gäbe Arthur wahrheitsgemäß Auskunft über seine unbewussten Beweggründe: „Was wollen Sie?" / „Weg." / Von hier?" / „Von überall." / „Von zu Hause?" / „Von überall." / „Weg von daheim?" / „Daheim ist man tot."[182] Die Verschleierung der Künstlichkeit der Situation wirkt insofern, als der Hypnotiseur Arthur scheinbar tatsächlich den Willen einpflanzen kann, Ehrgeiz zu entwickeln, etwas aus seinem Schreiben zu machen und sein Leben zu ändern. „Das ist ein Befehl, den du befolgen wirst, weil du ihn

---

[179] Ebd., S. 35.
[180] Ebd., S. 37.
[181] Ebd., S. 39.
[182] Ebd., S. 40–41.

befolgen willst"[183]. Die Bühnenmagie wirkt im Buch fortan weiter und hat die Grenze gesprengt: Was vorher ein Trick auf der Bühne war, ist nun im Alltagsleben.

5. Der Zauberer schwimmt

Zu meinem zweiten Beispiel aus der Gegenwartsliteratur, das publikumswirksam und in kunstvoller Sprache das Lesepublikum mit einem Zauberer vertraut gemacht hat: Es handelt sich um Martin Mosebachs zu Beginn des Jahres 2021 erschienenen Roman *Krass*. Der Titel des Romans ist der Nachname seiner Hauptfigur, des Geschäftsmanns Ralph Krass, dessen opulente Gelage und Menschenfängerei, dessen Geschäfte und verschwenderisches Gebaren Ende der 1980er Jahre auf dem Höhepunkt angelangt sind. Der Roman hebt an mit einer Zauberszene, die auch eine Reflexion der Kehlmann'schen Bühne in *F* ist und eine direkte Antwort auf den Künstlichkeitszauberwahn in Manns *Mario und der Zauberer*.

Der erste Satz des ersten Kapitels *Allegro imbarazzante* des als Musikstück aufgebauten Romans lautet: „Harry Renó verzichtete bei seinen Illusionsabenden auf viel Dekor; in seinem Smoking stand er auf der Bühne, umgeben von einem schwarzen Kasten – seine Hand sehr hell, sein Haar silbrig-farblos, die Requisiten im harten Scheinwerferlicht weiß glänzend."[184] Der eigentliche Magier des Textes ist aber nicht derjenige in der Helligkeit des Scheinwerferlichts, sondern Ralph Krass selbst, der erscheinen lässt, was er will, und für die Menschen in seinem Umfeld zaubert, obwohl er nicht im engeren Sinne zaubert. Zu Beginn des Romans jedoch waren Krass und seine „Gesellschaft […] von Santa Lucia auf den Vomero heraufgefahren, um hier neapolitanisches Volkstheater zu sehen, ‚Miseria e nobiltà' von Scarpetta, war aber zum falschen Tag und zur falschen Stunde erschienen, wie sich erst im Foyer herausstellte."[185] Es sind die Lichtverhältnisse, der Wechsel zwischen hell und finster, in dem sich zwar die Künstlichkeitsverdunkelung auf der Bühne zeigt, doch der massive Ralph Krass ist ein Grenzgänger zwischen Bühnenwelt und Realität, ein Zauberer auf eigener Bühne, der sich auch im Verlauf der Handlung der „Assistentin" des Magiers

---

[183] Ebd., S. 43.
[184] Martin Mosebach: Krass. Roman, Hamburg 2021, S. 9.
[185] Ebd., S. 10.

bemächtigen wird. „Die Leute schoben sich ins Dunkle hinein, da hielt ein schwerer Mann mit großem Kopf und finsterer Miene ihn [Jüngel, den Mitarbeiter von Krass] zurück. / ‚Wie konnte das passieren?'"[186] Und weiter: „[S]olche Dinge müssen Sie verhindern; ich habe hier anspruchsvolle Gäste, die haben keine Zeit. Ich hoffe, die ‚Organisation des späteren Abends steht.' Er wandte sich ab und verschwand gleichfalls im Dunkel."[187] Nach der Pause bricht Krass für seine Leute die Bühnenshow ab, über das Kunstlicht und den magischen Schatten bestimmt er selbst: „Es wurde hell, eine Pause, man strebte ins Foyer."[188]

Zuvor wird das Aussehen des Magier geschildert, eine auffällige, nicht besonders schöne Erscheinung, vergleichbar mit Cipolla in *Mario und der Zauberer*. „Der Zauberkünstler war, nicht nur der Name ließ es vermuten, kein Italiener, hatte aber die flüssige Sprachbegabung, wie sie dem fahren Volk nützlich ist. Seine Blässe war beinahe albinohaft, das fein gelöckelte weißblonde Haar, mit Pomade fest an den Kopf geklebt, blitzte metallisch." Und es schließt sich im hellen Bühnenlicht die Frage an: „Stammte er aus Finnlands ewiger Dunkelheit oder aus Lettland oder Estland?"[189] Wir wissen: Nur Krass gebietet über die Verhältnisse des Hellen und der Dunkelheit.[190]

Den Trick, den der Leser im Text vorgeführt bekommt und den die Gruppe um Krass im Theater sieht, ist ein nettes Kunststück und eine Farce zugleich. Entscheidender ist die zufällig aus dem Publikum ausgewählte Assistentin, eine Zauberin auf ihre Art und Weise, die Krass bei einer kurz darauf erfolgenden Wiederbegegnung in einer Bar verzaubert und anhand der aber auch demonstriert wird, dass Krass selbst ein Zauberer ist, der sich eine mit Regularien und Konstrukten daherkommende Welt anverwandelt und beherrschbar gemacht hat. In der magischen Literatur des Okkultismus heißt es nicht umsonst: Magie

---

[186] Ebd.
[187] Ebd., S. 10–11.
[188] Ebd., S. 17.
[189] Ebd., S. 11.
[190] Wie doppelbödig der Text Zauber und Trick konnotiert, sieht man auch an dieser Textstelle: „‚Sehen Sie, es gibt Leute, die behaupten, es gebe für alles einen Trick, man müsse ihn nur herausfinden. Wir sind hier in Neapel – auch ein Vesuv-Ausbruch oder ein Erdbeben: nur ein Trick! Wer der Natur in die Karten schauen kann, weiß alles.'" – „‚Nein, falsch! Wer wirklich intelligent ist, der weiß: Es gibt Dinge, die sind kein Trick, die sind unerforschbar. Es gibt Phänomene der Unbegreiflichkeit, einer Imprevisibilità.'" Mosebach: Krass, S. 12.

ist Wille in Umsetzung.[191] Sie ist trotz des ersten Anscheins nach keine spontan ausgewählte Zuschauerin, sondern die in den Trick eingeweihte Lebensgefährtin des Zauberers.

Wenn es schon verhängnisvoll ist zu sagen, dass die Natur ein künstliches Konstrukt zum Einsturz bringt, so ist es zumindest eines der Tiere in Martin Mosebachs Erzählkosmos, das den Magier Krass entzaubert, als er auf der Bühne des offenen Meers seinen Auftritt hat, zaubert unter offenem Himmel im Naturlicht der gleißenden Sonne Neapels. Er schwimmt. Krass verwandelt sich fast schon in ein Wesen der Natur, Natur des Meeres, die er sonst nur kulinarisch verwandelt zulässt:

„Er ging ganz in dieser unbelebten Natur auf. Es hätte ein Verschmelzen mit ihr sein können, wenn die Strömung nicht unablässig daran erinnert hätte, daß er ein Fremdkörper in dem salzigen Türkis war. Gern schmeckte er dieses Salz, das erinnerte an Austern. Als er losgeschwommen war, hatte er es sich mit Genuß von den Lippen geleckt, aber inzwischen war es hart und bitter geworden, eine Medizin, die allzu reichlich gespendet wurde und brannte und in immer neuen Güssen das Gesicht überflutete."[192]

Gleich daraufhin erfahren wir, welches magisch inszenierte Naturwesen seinen eigentlichen Auftritt hat, ein im Licht der Sonne und der Reflexion des Meers unsichtbares Wesen, das aus der Tiefe kommt: Ralph Krass begegnet einer Qualle, zu der auch mehrere gehören können. Der magische Auftritt, das zuerst unsichtbare Auftauchen des Meerestieres ist eines der wenigen Zeichen, die der Text setzt, mit denen der Zauberer Krass selbst zu Fall gebracht werden kann, und die Qualle selbst ist ein eigentümliches Naturwesen, das von der Erzählstimme eingebettet wird in eine dem Geschäftsmann Krass gefährlich werdende Kulturgeschichte:

„Plötzlich sah er eine liebliche, lebendig schimmernde Farbe vor sich im kristallklaren Wasser: ein feines, kühles Rosa, aufs schönste das helle Blau des Meeres komplementierend. Und da waren die rosigen zarten Fäden auch schon nahe, streiften seine Brust und seine Arme wie

---

[191] So beschreibt es der Okkultist Ralph Tegtmeier in seinen Büchern, aber auch in der Forschungsliteratur heißt es: „Zaubern heißt, Natur- und Denkgesetze außer Kraft setzen." Peter Rawert: Ist Zaubern eine Kunst? Wege, das Unmögliche sichtbar zu machen, in: Kursbuch 184 (2015), S. 61–82, hier S. 61.

[192] Mosebach: Krass, S. 136.

wehendes Haar, das streichelte ihn, und alsbald schoß ein Schmerz wie von Salzsäure in seine Haut, und das Wasser, das sonst anästhesierend wirkte, tat nichts, um es zu mildern. Er war in eine Qualle hineingeschwommen, eine Medusa, wie das hierzulande hieß, nach dem dämonischen Schreckenskopf mit den Schlangenhaaren, der jeden, der ihn erblickte, erstarren ließ."[193]

Der Magier Krass lässt sich zwar nicht vom Zauberkünstler auf der Bühne beeindrucken, vermag zwar sich seiner Assistentin und Lebensgefährtin zu bemächtigen, strauchelt aber im Anblick der Natur, welcher die Künstlichkeitsverdunkelung ohnmächtig ausgeliefert ist; immerhin darf man ja auch das Schlangenhaupt der Medusa nicht anblicken. Den krassen, kolossalen Niedergang des Geschäftsmannes entfaltet Mosebachs Roman auf 500 Seiten.

6. Mario ~~und~~ = der Zauberer

Wir haben gesehen: Die Bühnenszene von Thomas Manns Novelle ist eine Urfolie der Zaubertexte der literarischen Gegenwart. Stand bei Mann die Künstlichkeitsverdunkelung der faschistischen Hypnose im Zentrum, richtete sich der Textbeginn von Kehlmanns *F* auf die existentielle Beglaubigung aus, dass aus einem Bühnenzaubertrick eine Lebensentscheidung getroffen wird, so beginnt Mosebachs *Krass* eher beiläufig mit einem Trickkünstler und inszeniert den Geschäftsmann Krass als eigentlichen Magier, der die statische Bühnenillusion personell zu sprengen vermag.

Ich möchte abschließend noch einmal eine Referenz auf die Bühnen- und Trickmagie als Anspielung auf Thomas Mann liefern. Der Erzählband *Der Trost runder Dinge* des österreichischen Schriftstellers und Büchnerpreis-Trägers (2021) Clemens Setz enthält eine Erzählung mit einem Titel, der uns hellhörig werden lässt: *Zauberer*. Es ist die Erzählung, die einen Satz enthält, aus dem der Titel des ganzen Bandes extrahiert ist, ein Satz, der eine natürlich Künstlichkeitsinszenierung enthält, welche die Stadt auf ihrer Bühne demonstriert:

„Die meisten Dinge der Stadt wirkten im Winter um vieles weicher und runder, und der allgemeine Trost runder Dinge ist etwas, für das die Dauer eines normalen Menschenlebens glücklicherweise nicht ausreicht,

---

[193] Ebd., S. 139.

um dagegen immun zu werden."[194] Der Schnee ist eine Mischung aus Bühnenvorhang und Lichtreflektor. Warum ich aber in diesem Kontext auf diese Geschichte zu sprechen komme: Es ist die Geschichte von einem Mario und dem Zauberer des Titels. Kurz zusammengefasst: Annemaria, die Mutter von Mario, bringt den Callboy Jürgen aus dem Konzept, indem sie diesen – diese Figurenmotivation deute ich jetzt – nur aus dem Grund zu sich nach Hause bestellt, um ihn vorgeblich mit dem Wunsch zu konfrontieren: vor ihrem geistig behinderten und nicht ansprechbaren Sohn Sex zu haben; herausfordern möchte sie aber die Reaktion des Callboys, er mache so etwas nicht, das bekommt der (gemeint ist der Sohn) doch mit. – Das ganze Setting, in dem die Mutter, eine eigene Figuration der Zauberin, den Callboy im Anblick ihres Sohnes konfrontiert, ist ein künstliches. Der Zauberer, zu dem sich der Callboy aufschwingen könnte, versagt, und wird zum Spiel der Zaubermutter und ihres Zaubersohnes Mario. Mario ist der Zauberer, der in einer irrealen Rollensituation der Prostitution, die Verhältnisse verkehrt, weil der Callboy kein Zauberer ist. Das wird evident, als Annemarie den Callboy fragt, ob er irgendeinen Trick könne, um nach seiner verwunderten Nachfrage zu konkretisieren: „irgendeinen Trick. Wie zum Beispiel eine Münze verschwinden lassen. Oder Löffel verbiegen." Doch Chris, wie der Callboy wirklich heißt, kann keinen Trick und folglich in einer künstlichen Situation auch nichts vorführen. „‚Schade', sagte Annemaria und ließ sich rückwärts aufs Bett sinken, ‚ich mag Tricks.' / ‚Ich kann keinen', sagte Chris. / ‚Aber gesehen hast du schon mal einen, oder?' / ‚Ja.'"[195] Der Trick ist die für den Leser inszenierte Gesamtsituation, in der sich der künstlichkeitsaffine Callboy künstlich ausgesetzt sieht. Wir haben es hier mit einer Allusion von *Mario und der Zauberer* zu tun; erkenntlich schon an der Figur Mario, dem Geschichtstitel *Zauberer* und dem Zauberer, der keiner ist. Anders als bei Kehlmann und Mosebach wird nicht die Bühnen-Szene und die Figuration der Zaubershow übernommen und darauf angespielt, sondern mehr die sich umkehrende Positionierung, wer der Zauberer ist: In Manns Novelle erschießt der sich mit dem Phallus des Revolvers selbstermächtigende Kellner und „Zauberer" Mario den falschen Magier; Kehlmanns Hypnotisierter Arthur, eine eigene Form des Mario, erhebt sich über die Bühnensituation

---

[194] Clemens J. Setz: Zauberer, in: Der Trost runder Dinge. Erzählungen, Berlin 2019, S. 199–214, hier S. 199.
[195] Ebd., S. 210.

und sein Leben; Mosebachs krasser Zuschauer, bemächtigt sich der Gestalten auf der Bühne; und bei Clemens Setz heißt der Zauberer, der behinderte Sohn, bereits Mario, unter dessen Blick kein Ohnmächtiger einen Zaubertrick aufführen kann. Mario ist der Zauberer, der sogar die künstliche Fassade des Callboys zum Einsturz bringen kann.

Das Resümee nach Lektüre dieser Zaubertexte: Erstens arbeiten die Textkonstruktionen an einer Verschleierung der Künstlichkeit der dargestellten Magie, bei der es sich nicht um „reale Magie" handelt. Zweitens: Durch die Künstlichkeitsverdunkelung der dargestellten Magie findet eine Faszinationserhellung statt. Der wahre Zauberer ist meistens nicht der Trickdarsteller auf der Bühne. Drittens: Es lässt sich aus der sich ergebenden Untersuchung ein Künstlichkeitseffekt der Interpretation ableiten; der hermeneutische Logos unserer Deutungen trifft nicht die präsentische Magie der Zaubersituation. Man muss fast levitierend und schwerelos zum Ausdruck bringen, was Setz in seiner Geschichte sagt: „sich von Mario im dunklen Zimmerwinkel beobachtet zu fühlen und dies auf diese feine, schwerelose Weise zum Ausdruck zu bringen, wie man sie nur bei bestimmten jungen Männern beobachten konnte."[196] Der Zauberer lässt seinen Zuschauer schwerelos zum Ausdruck bringen, aber nicht komplett deuten, dass nämlich Mario und der Zauberer dieselbe Funktionsstelle in den Zaubertexten der Gegenwart sind.

---

[196] Ebd., S. 214.

„ein Sein im ‚vor' und ‚nach' ". Die negentropische Wirkung des Künstlichen in der Lyrik Max Benses[197]

Rosa Coppola

> Wir sind endliche Wesen, Wesen des Ruins, des Abbrechens...
> und auch die Technik wird diese Kategorien unseres Seins nicht aufheben.
>
> Max Bense, *Technische Existenz*, S. 125.

Im Rahmen der Diskussion über die Formen und die Motive des Künstlichen in der Literatur spielen die theoretischen und lyrischen Ansätze von Max Bense (1910–1990) eine entscheidende Rolle. Als Theoretiker und Künstler der informatischen Wende der Ästhetik assoziiert man den Namen Benses unmittelbar mit der Konkreten Poesie und der Kybernetik, und zwar mit zwei eng miteinander verbundenen Spielfeldern, die das Wort als frei agierendes Material angesehen und verwendet haben: stellt die internationale Vielfalt der konkreten Poesie die Realität der Sprache transmedial dar[198], so unterstützt das Programmieren, d.h. das heutige *coding*, technisch einen solchen künstlerischen Prozess. In diesem Zusammenhang bietet sich Benses Œuvre als stratifizierte Relektüre der Dichotomie zwischen

---

[197] Der folgende Beitrag ist der Ausgangspunkt einer umfangreicheren Studie über das Konzept der „Hybriden Verfasserschaft", die ich dank eines Postdoc-Stipendiums der Alexander-von-Humboldt-Stiftung an der LMU-München durchführe. Deshalb liegt hiermit ein erster Systematisierungsversuch der Thesen vor, an denen ich gerade arbeite.

[198] Vgl. „Die Bezeichnung ‚Konkrete Poesie' ist von Eugen Gomringer in Analogie zur Konkreten Kunst und unter dem Einfluß Max Bills, bei dem er Sekretär an der Hochschule für Gestaltung in Ulm war, eingeführt worden. Er verwendete den Terminus für eine Art von sprachexperimenteller Literatur, die – wie die Kunst – die Mittel reflektiert und thematisiert, d.h. hier: die Sprache. Es geht, wie aus nahezu allen Pamphleten und Manifesten der Konkreten Poesie abzulesen ist, nicht um die literarische Abbildung außersprachlicher Wirklichkeit, sondern in der Sprachreflexion um Präsentation von Sprache und Sprachelementen, deren Repräsentationscharakter deshalb methodisch abgebaut werden muß in einem positiv verstandenen Verdinglichungs- und Materialisierungs-Prozeß." Thomas Kopfermann: „Einführung", in *Theoretische Positionen zur Konkreten Poesie*, hg. von Thomas Kopfermann, Tübingen: Max Niemeyer Verlag, 1974, S. IX–LI, hier X.

Natürlichem und Künstlichem nicht nur auf der theoretischen Ebene, sondern auch auf dieser künstlerischen.

Davon ausgehend widmet sich dieser Beitrag der Äußerung von Benses „existentiellem Rationalismus", der in seinem doppelten Werdegang beobachtet wird. Durch die Hinterfragung seiner theoretischen Positionen mit seinem lyrischen Experimentieren wird daher versucht, die zentrale Frage Benses technisch-ästhetischen Ansatzes zu erörtern, mit besonderem Augenmerk auf dem Entropiebegriff, um abschließend ein kritisches Profil dieser sogenannten „künstlichen Kunst"[199] zu skizzieren.

1. Ontologische Implikationen der künstlichen Kunst: Max Bense und die Informationsästhetik

Schon seit Ende der vierziger Jahre, d.h. vor dem Hintergrund des Zivilisationsbruchs und der ersten Aufarbeitungsversuche[200], plädiert Max Bense dafür, das menschliche Wesen als „technische Existenz"[201] zu betrachten, denn „die technologische Funktion unserer Intelligenz gerade im Augenblick der scheinbaren Askese gegenüber der Natur an eine selbstbewußte und saturierte Etablierung in dieser Welt"[202] zu denken sei. Insofern entwickelt er eine sowohl theoretische als auch lyrische Praxis, die auf der dialektischen Integration der Technik im Denken und Darstellung der Realität beruht:

> Diese Theorie untersucht den technologischen Zustand des Seins und beabsichtigt den erfahrungsgemäßen Entwurf seiner Kategorien und Modi, die den Äußerungen der aktiven Intelligenz entsprechen. In ihr verwischen

---

[199] Max Bense: *Ungehorsam der Ideen. Abschließender Traktat über Intelligenz und technische Welt*, Köln 1965, S. 56.

[200] Vgl. dazu „Benses Problem und Ausgangspunkt, die Verwurzelung seines Denkens im biographisch Erlebten, beruht sicherlich auf der Katastrophe des Nationalsozialismus und dem Verlust der Humanität durch den grenzenlosen Vernichtungskrieg und die Shoah, deren geistige Schmach er unter dem Stichwort eines ‚existenziellen Rationalismus' zu überwinden trachtete". Dieter Mersch: „Benses existenzieller Rationalismus. Philosophie, Semiotik und exakte Ästhetik", in *Max Bense. Weltprogrammierung*, hg. von Elke Uhl, Claus Zittel, Stuttgart: Metzler, 2018, S. 61–82, hier 61.

[201] Vgl. Max Bense: *Technische Existenz. Essays*, in *Ausgewählte Schriften. Ästhetik und Texttheorie*, hg. von Elisabeth Walther, Stuttgart: Metzler, 1998, Bd. III; S. 1–159.

[202] Max Bense: *Literaturmetaphysik. Der Schriftsteller in der technischen Welt*, Stuttgart 1950, S. 186.

sich die qualitativen Unterschiede zwischen Mensch und Maschine, sofern beständig auf diejenigen Schichten reflektiert wird, in denen sie beide im gleichen Geiste des Seins sind.[203]

Eine solche Reflexion über ein neues, hybrides Dasein gipfelt in der Begriff der „Informationsästhetik"[204], d.h. in einer informationstheoretischen, mathematisch fundierten Ästhetik, die sich in Anlehnung an Shannons Informationstheorie und an Peirces semiotischer Ansätze auf der Einbeziehung der Statistik „im Gesamtbereich der Ästhetik, Linguistik und Metalinguistik, der Rhetorik, Stilistik und Kunsttheorie"[205] gründet. Es handelt sich um ein neues Paradigma des Denkens und der Darstellung, innerhalb dessen die Zeichen „die Träger der Wahrnehmung, nicht Gegenstände, Sachverhalte, Ereignisse usw. [sind]"[206]. Hiermit wird der Wahrnehmungsbegriff zu etwas berechenbarer und in weiteren Schritten technisch programmierbarer. Das Gestus des Programmierens wirkt dann als produktive Reaktion an der Zivilisationsprozesse, die auf eine utopische Verbesserung des menschlichen Zustandes in der sogenannten „künstlichen Realität" abzielt:

> Die Bearbeitung der Welt durch den Menschen, der Prozeß der Zivilisation, ist nicht nur ein äußerer, sondern auch ein innerer Vorgang, der unser gesamtes, genießendes und leidendes, Bewußtsein ergriffen hat. Durch seine kreativen und imitativen, seine kommunikativen und separierenden Möglichkeiten vollzieht es den theoretischen und faktischen Aufbau der Zivilisation als einer künstlichen Realität, die wir bewohnen. Dieses theoretische Bewußtsein hat die gegebene Welt, ihr analytisches und synthetisches Verständnis aus einem metaphorischen in einen mathematischen Zustand überführt, und es wird weiterhin ihre problematischen Bereiche in systematische umbilden. Nicht die mathematische Beschreibung der Welt ist das Entscheidende, sondern die aus ihr gewonnene prinzipielle Konstruktivität der Welt, die planmäßige Antizipation einer mehr oder weniger abschließbaren zukünftigen künstlichen Realität, in der der Mensch als ebenso vitales wie intelligibles Wesen möglich ist.[207]

---

[203] Ebd., S. 168.

[204] Vgl. Max Bense: *Aesthetica. Einführung in die neue Ästhetik*, Baden-Baden, 1965.

[205] Ebd. S. 271.

[206] Ebd. S. 273.

[207] Max Bense: „Einführung in die informationstheoretische Ästhetik", in *Ausgewählte Schriften. Ästhetik und Texttheorie*, hg. von Elisabeth Walther, Stuttgart: Metzler, 1998, Bd. III, S. 251–419, hier 335.

Benses Informationsästhetik hat also offensichtliche ontologische Implikationen, die jedoch durch ein logisch-mathematisches System der statistischen Berechnung erreicht werden können, damit der Mensch sich einer nachhaltigen „künstlichen Realität" anpassen wird. Die Strategien der Mathematisierung des Unberechenbaren, und zwar der Wahrnehmungsprozesse bilden insofern den Kern der theoretischen Spätproduktion von Max Bense.

Unter „abstrakte ästhetik" versteht Bense eine Forschungsrichtung und nicht eine „postulierte lehre"[208], die sich mit der Betrachtung von allgemeinen technischen Artefakten befasst. Diese müssen nicht unmittelbar einen künstlerischen Wert haben. Es handelt sich also um die Schilderung von Betrachtungsprozessen eines Gegenstands, die darauf abzielt, einen intersubjektiven Standpunkt in der Ästhetik herauszuarbeiten. In diesem Kontext ist der Begriff des ästhetischen Zustands von grundlegender Bedeutung, der folgendermaßen definiert wird: „dementsprechend ist der ästhetische zustand auch nicht als ‚ideal' bestimmt, sondern als ‚realität'; er ist als ein realer zustand des betrachteten objektes beobachtbar und beschreibbar"[209]. Dieser wird durch ein konkretes Objekt hervorgerufen, das als ästhetischer Träger definiert wird, d.h. als Gegenstand der Betrachtung, der aus Zeichen verschiedener Art besteht. Er kann sowohl materiell (ein künstlerisches Produkt, oder ein Designobjekt etc.) als auch immateriell (Phänomene, Worte etc.) sein und bildet in ihrem Zusammenhang ein ästhetisches Repertoire, das „ein materielles Repertoire [ist], aus dem durch Manipulation ein entsprechend materieller ästhetischer zustand erzeugt werden kann"[210]. Mit anderen Worten ist der ästhetische Zustand das Ergebnis eines Betrachtungsprozesses, bei dem materielle Elemente auf ein begrenztes, bzw. endliches, Repertoire verteilt und als Information – sei sie alt oder neu – hinzugefügt werden.

Auf dieser Grundlage entwickelt Bense somit eine Methode, um die Schönheit, d.h. den innovativen Beitrag eines Gegenstands an einem fixierten Repertoire, statistisch zu kalkulieren. Die Innovation des Repertoires wird als „Semiose" definiert und mit dieser Formel beschrieben:

$$\text{Sig} \bullet \equiv Z = F_{mat}(x, y, z, t) \bullet R(M, O, I).^{211}$$

---

[208] Max Bense: „kleine abstrakte ästhetik", in Ebd., S. 419–445, hier 419.
[209] Ebd. S. 421.
[210] Ebd. S. 422–423.
[211] Ebd., S. 428.

„ein Sein im ‚vor' und ‚nach'". Die Wirkung

Der erste Teil der Formel illustriert das Funktionieren des Signals, und zwar die Relation zwischen den räumlichen Komponenten (x, y, z) in einer einzigen zeitlichen Einheit (t). Der zweite stellt hingegen das Wesen des Zeichens als eine dreiteilige Beziehung zwischen dem Medium, dem Objekt und dem Beobachter dar, indem M sein Wesen als Medium, O seine Beziehung zum Objekt und I die Interpretation eines externes Beobachter ist. Diese Formel hebt hervor, dass es zu einer Semiose kommt, wenn ein Signal zum Zeichen wird, und zwar wenn jemand eine objektbezogene zeiträumliche Relation betrachtet und beurteilt. Es wird somit die Rolle des Bewusstseins im Hier und Jetzt implizit unterstrichen, was den sowohl ästhetischen sondern auch ontologischen Wert des „existentiellen Rationalismus" formal darstellt.

Des Weiteren lenkt Bense besondere Aufmerksamkeit auf das Spannungsfeld zwischen Ordnung und Komplexität (M = O/C^{212}) im Entstehen eines ästhetischen Zustands: Je mehr und schneller die Mikro- und Makroelemente eines Betrachtungsobjekts erkennbar sind, desto weniger werden die von ihm vermittelten Informationen unwahrscheinlich, d.h. neu. Diese Relation bildet die Entropievariable eines ästhetischen Gegenstands, die sich Shannons Kommunikationstheorie folgend als $S = -\Sigma\, p_i \log p_i$ ^{213} ausdrückt. In der informationsästhetischen System wird dadurch nicht nur den Endlichkeitsgrad eines ästhetischen Zustandes bezeichnet, sondern auch sein Anordnungsmöglichkeit, denn:

> Nach dem Zweiten Hauptsatz der Thermodynamik, der für die physikalische gilt, steigt Entropie. Das heißt, die thermodynamische Wahrscheinlichkeit einer gleichmäßigen Verteilung der Elemente nimmt zu, Struktur geht verloren, und damit ist Entropie das Maß für Unordnung oder besser: Ungeordnetheit. Übertragen in die Welt der ästhetischen Zeichen wird

---

[212] Vgl. Max Bense: „Einführung in die informationstheoretische Ästhetik", in *Ausgewählte Schriften. Ästhetik und Texttheorie*, hg. von Elisabeth Walther, Stuttgart: Metzler, 1998, Bd. III, S. 251–419, hier 308 ff. Diese Formel wird jedoch von dem Mathematiker Birkhoff geprägt. Vgl. George David Birkhoff: *Aesthetic Measure*, Cambridge, 1933. Zu den Einfluss von Birkhoffs Theorie auf Bense und der Stuttgarter Gruppe siehe auch: Toni Bernhardt: „Rul Gunzenhäuser und die Stuttgarter Schule der mathematischen Geisteswissenschaften", in *Max Bense. Werk – Kontext – Wirkung*, hg. von Andrea Albrecht et al., Stuttgart: Metzler, 2019, S. 323–336; Claus-Michael Schlesinger: „‚Ist Kunst berechenbar?' Zur Modellierung ästhetischer Maße bei George David Birkhoff und in der Informationsästhetik", in Ebd., S. 337–350.

[213] Vgl. C.E. Shannon, „A Mathematical Theory of Communication", in Bell System Technical Journal, v. 27, 1948, S. 379–423, 623–656.

dieses Prinzip zum Prinzip einer unwahrscheinlichen Ordnung verkehrt und als Gesetz der Negativen Entropie bezeichnet. Durch ungleichmäßige Verteilung der Elemente, die ihren Zeichencharakter – unter Berufung auf Peirce als Symbol, Ikon und Index – erst in der Verknüpfung, also in Beziehung aufeinander realisieren, wird Unwahrscheinlichkeit hergestellt. Negative Entropie ist also das Maß für Ordnung, genauer gesagt: für Anordnung, also Strukturbildung.[214]

Insofern besitzt die Entropievariable hohe Relevanz auf dem ästhetischen Feld in einer doppelten Hinsicht: einerseits dient sie zum Analyseparameter insbesondere im Rahmen der Texttheorie, andererseits wirkt sie als wissenschaftliche Herstellungsstrategie im Kontext der generativen Ästhetik. An dieser Stelle ist es wichtig zu betonen, dass die Rede von „Neg/Entropien" im Rahmen der Ästhetik eine Rede von Wahrscheinlichkeit und Wiederholbarkeit ist, und zwar von Parametern die statistisch kalkuliert werden können.

In der Systematisierung dieser informationsästhetischen Art der Forschung beschreibt Bense drei Ebene der Realisation eines ästhetischen Zustandes: die makroästhetische (d.h. die Figur betreffend), die mikroästhetische (d.h. die statistische Wiederholbarkeit innerhalb des bestehenden/bekannten Repertoires betreffend) und die nukleare. Die Letzte unterliegt dem Kriterium der Unbestimmtheit und im Gegensatz zu den ikonischen Elementen der Makroästhetik und den indexikalischen Elementen der Mikroästhetik werden als „chaogene Elemente"[215] definiert. Der Unbestimmtheitszustand ist *chaogen*, weil er sich als unterwartet, unwahrscheinlich präsentiert. Diese Unwahrscheinlichkeit öffnet die Perspektive des Neuen und mit der Hilfe der Programmierung lässt insofern den Entropiegrad negativ werden. Mit anderen Worten wirkt somit das Objekt der Beobachtung negentropisch und gestaltet dadurch die Realität bewusst um.

An dieser Stelle kann man behaupten, dass es in Benses Informationsäathetik nicht um eine bloße Schilderung und Umbenennung der Wahrnehmungsprozesse geht, sondern um die Suche nach

---

[214] Petra Boden: „Für ‚eine stetige, wenn auch unendlich langsame Perfektion der Welt'", in *Max Bense Weltprogrammierung*, hg. von Elke Uhl, Claus Zittel, Stuttgart: Metzler, 2018, S. 45–60, hier 54.

[215] Max Bense: „kleine abstrakte ästhetik", in *Ausgewählte Schriften. Ästhetik und Texttheorie*, hg. von Elisabeth Walther, Stuttgart: Metzler, 1998, Bd. III, S. 419–445, hier 435.

negentropischen Ausdrucksformen, d.h. die Erzeugung von Artefakte, die unwahrscheinlichen Relationen generieren, dank der Unterstützung der mathematischen Sprache. Davon ausgehend plädiert Bense für die Erweiterung der künstlerischen Verfahren durch die „Erweiterung [der neuzeitlichen Technik] unter die Haut der Welt"[216], um die Idee eines hybriden Bewusstseins zwischen Mensch und Maschine zu verwirklichen. Eine solche Erweiterung deutet das Wesen der Kunst um, die von „natürlich" zu „künstlich" wird:

> In der natürlichen Kunst wird die Ordnung verfügbarer Materialien zur ästhetischen Botschaft durch reale menschliche Erlebnisse und durch außerhalb jener Materialien vorgegebene Sachverhalte und Ereignisse bestimmt. In der künstlichen Kunst bleibt alles in der Eigenwelt des ästhetisch disponierbaren Materials, und an die Stelle konkreter menschlicher Erfahrungen treten jetzt rational beherrschbare und technologisch aktivierte Prozesse der ausnutzbaren Elemente selbst.[217]

Eine so starke Betonung der Materialität der Sprache scheint die Funktion der Außenwelt bzw. der menschlichen Realität auszulöschen, denn die künstliche Kunst würde sich somit ausschließlich um ihre „Eigenwelt" drehen. Insofern kann man einen gewissen Widerspruch erkennen, denn, um Negentropie zu generieren, würde das hybride Wesen des künstlichen Künstlers nur eine selbstreferenzielle Kunst produzieren, die sich ausschließlich auf die Welt der Zeichen beschränkt. Welcher Raum ist also der Erfahrung des Hier und Jetzt in dieser künstlerischen Gestaltung gewidmet? Diese Frage lässt sich insbesondere im Rahmen der Lyrik bearbeiten, die Bense selbst an die höhere Redundanz von chaogenen Elementen assoziiert[218]. Diesbezüglich erweist sich die Dichtung als die negentropischste Ausdrucksform, denn sie kann Unwahrscheinlichkeiten programmatisch produzieren. Im Fall Benses ist doch dieses Thema kontrovers, denn seine Dichtung scheint dieser radikalen Annahme über die künstliche Kunst teilweise zu

---

[216] Max Bense: „Kybernetik oder Die Metaphysik einer Maschine", in: *Ausgewählte Schriften Philosophie der Mathematik, Naturwissenschaft und Technik*, hg. von Elisabeth Walther. Stuttgart: Metzler 1998, Bd. II, S. 429–446, hier 443.

[217] Max Bense: *Ungehorsam der Ideen. Abschließender Traktat über Intelligenz und technische Welt*, Köln 1965, S. 56.

[218] Vgl. Max Bense: „kleine abstrakte ästhetik", in *Ausgewählte Schriften. Ästhetik und Texttheorie*, hg. von Elisabeth Walther, Stuttgart: Metzler, 1998, Bd. III, S. 440–441.

widersprechen, wobei sie noch im Einklang mit der Frage des existentiellen Rationalismus steht.

2. Das Künstliche in Gang gesetzt: Die stochastische Lyrik Max Benses

Im Verlauf seiner lyrischen Entwicklung hat Max Bense durch die stochastische Erweiterung des Komponierens versucht, „das Schöpferische an der Schnittstelle zwischen Mensch und Maschine anzusiedeln"[219]. Zusammen mit Theo Lutz hat er dann an einem Programm gearbeitet, nach dem anhand der Entropievariable sie einen Text neu kombinieren konnten, um seinen Wahrscheinlichkeitsgrad zu verringern[220]. Einer der berühmtesten stochastischen Texte Benses ist das Gedicht *jetzt* (1961), das aus dem folgenden Auszug der Hegelschen *Phänomenologie des Geistes* stammt:

> Es wird das Jetzt gezeigt, dieses Jetzt. Jetzt; es hat schon aufgehört zu sein, indem es gezeigt wird; das Jetzt, das ist, ist ein andres als das gezeigte, und wir sehen, daß das Jetzt eben dieses ist, indem es ist, schon nicht mehr zu sein. Das Jetzt, wie es uns gezeigt wird, ist ein gewesenes, und dies ist seine Wahrheit; es hat nicht die Wahrheit des Seins. Es ist also doch dies wahr, daß es gewesen ist. Aber was gewesen ist, ist in der Tat kein Wesen: es ist nicht, und um das Sein war es zu tun.[221]

Es gibt drei Varianten der Umgestaltung dieses Fragmentes, welche das progressive Funktionieren des stochastischen Verfahrens zeigen:

> **V1:** Es wird das Jetzt gezeigt, dieses Jetzt. Jetzt, es hat schon // aufgehört zu sein, indem es gezeigt wird; das Jetzt das ist, // ist ein anderes als das gezeigte, und wir sehen, daß das // Jetzt eben dieses Jetzt ist: indem es ist schon nicht mehr // zu sein. Das Jetzt, wie es uns gezeigt wird, ist ein gewese- // nes, und dies ist seine Wahrheit, es hat nicht die Wahrheit // des Seins. Es ist also doch dies wahr, daß es gewesen ist.

---

[219] Siyu Dai: „Max Benses technologische Ästhetik und der Paradigmenwechsel der Ästhetik im Zeitalter der Technik", in *Max Bense. Werk – Kontext – Wirkung*, hg. von Andrea Albrecht et al., Stuttgart: Metzler, 2019, S. 273–290, hier 287.

[220] Vgl. dazu Bettina Thiers: „Max Bense, Dichter einer technisierten Welt? Über konkrete Poesie, computergenerierte Textexperimente und die ‚Programmierung des Schönen'", in Ebd., S. 257–272.

[221] Georg Wilhelm Friedrich Hegel: *Phänomenologie des Geistes*, hg. von Eva Moldenhauer, Karl Markus Michel. Frankfurt a. M. 1972, S. 88.

V2: jetzt, jetzt und erst jetzt, jetzt und nur jetzt, jetzt und doch jetzt, jetzt ist das jetzt erst jetzt das nur jetzt ist und doch jetzt ist, nur jetzt und doch jetzt, jetzt das jetzt ist, nicht jetzt das jetzt nicht jetzt ist jetzt ist wenn es jetzt ist, nicht jetzt wie es jetzt nicht ist, nicht jetzt wie es jetzt nicht jetzt ist, jetzt das nicht ist ist nicht jetzt, jetzt nicht, jetzt noch nicht, doch jetzt das noch nicht jetzt ist wenn es jetzt ist, jetzt das jetzt nicht mehr jetzt ist wenn es jetzt ist und jetzt das jetzt ist, wenn es nicht mehr jetzt ist, dieses jetzt, erst dieses jetzt, nur dieses jetzt ist jetzt[222]
V3[223]

---

[222] Max Bense: *modelle, (edition rot 6)*, Stuttgart 1961, o.S.
[223] Max Bense: „Jetzt (1962)" in *Ausgewählte Schriften. Poetische Texte*, hg. von Elisabeth Walther, Stuttgart: Metzler 1998, Bd. IV, S. 68.

In der ersten Variante gibt es kaum Änderungen, es werden nur die Brüche im Rhythmus angezeigt, quasi um der Aufbau des Patterns zu zeigen, das stochastisch negentropisiert wird. In der zweite wird jedoch das Original stark ediert: Die lexikalische Vielfalt wird nur auf das Wort „jetzt" reduziert, die mit Adjektiven, Verben und Adverbien, die die gleiche Silbenanzahl haben, zusammengesetzt wird. Nach den Berechnungen von Bense habe der ursprüngliche Text einen ziemlich hohen Entropiewert -0,571, den seine stochastische Arbeit auf -0,049 reduzierte. Ausgehend von Wittgensteins *Philosophische Untersuchungen*, die Bense besonders schätzte, lässt sich dann die Entropie als Spannungsverhältnis zwischen der Erkennbarkeit einer Struktur, und zwar dieser des Satzes, und der Unwahrscheinlichkeit ihrer Strukturkomponente definieren. Dadurch nimmt das, was man als „künstliche Subjektivität" begreifen könnte, im *jetzt*-Gedicht Gestalt an: Das dichterische Subjekt und dessen Objekt fallen in der Sprache zusammen. Darüber hinaus zeichnet sich Entropie als eine Frage der Frequenz, d.h. als eine Frage der Zeitwahrnehmung im Raum des Textes aus. Diese spiegelt sich direkt in der Auswahl des Hegelschen Fragments wider, der das „jetzt" thematisiert. Die Quelle-Auswahl lässt die „natürliche Subjektivität" des Dichters neben dieser „künstlichen" der Maschine auftreten und somit wirkt die Endfassung als Produkt einer Kooperation.

Die dritte Variante drückt hingegen optisch das Gedicht aus. Der hektische Rhythmus der zweiten Variante wird durch progressive Kurven gemildert, die eine abstrakte Figur schaffen. Im Zentrum der Textfläche steht noch das Wort *jetzt* als Drehpunkt dieser asymmetrischen Propagierung, die „den Eindruck der Beweglichkeit und Schnelligkeit evoziert, also auf Temporalität und Räumlichkeit referiert"[224].

Das stochastische Verfahren der Kombinatorik rekurriert noch in der Sammlung *Bestandteile des Vorüber. Dünnschliffe Mischtexte Montagen* (1961), die eine explizite Reflexion über die Realität der Sprache anbietet:

ATTRIBUTE sind die letzten Knotenpunkte meiner Freiheit und
Ausdauer in extremen Anordnungen deren Raffung notwendig
und potentiell möglich ist

---

[224] Susana Romano Sued: „Deutsche experimentelle Lyrik und Übersetzung. Max Benses Gedicht ‚Jetzt' und die Transformationsprozesse seiner Übertragung ins argentinische Spanisch", in *Max Bense Weltprogrammierung*, hg. von Elke Uhl, Claus Zittel, Stuttgart: Metzler, 2018, S. 181–198, hier S. 189.

AXIOMATA , kurz noch nicht verzweifelte Sätze am Anfang, vollständig abgeschlossen zur Herleitung der Schönheit nicht der Wahrheit, denn die Schönheit ist unsicherer als die Wahrheit, graue Rosen für Ernst Bloch

BLEIBEN oder nicht bleiben, fast nichts mehr sagen, schon nicht mehr sagen, zweideutig sein, endlos, etwas täuschen, dann auf sich beruhen lassen, alles hinnehmen, leerer werden, weniger, nicht mehr umdrehen, fortgehen wortlos und sogleich

BLICK noch im Zustand der Wildheit, wenn die Hand schon zärtlich ist

UND dass die Sprache Pässe benötigt nimmt ihr die Unschuld und den kleinen Wind aus dem Ende der Feder [...][225]

Neben der sprachlichen Selbstreflexion, der sich das *jetzt*-Gedicht widmete, treten hier auch programmatische Sprüche auf, wie im Fall der Zeile „schönheit ist unsicherer als die Wahrheit", die das Zusammenhang zwischen Schönheit, d.h. Innovation, und kalkulierter Unbestimmtheit, d.h. Negentropie, lyrisch hervorhebt. Von großem Interesse ist die Präsenz des Possessivums „mein", das einen konkreten Adressat rasch signalisiert, bevor es hinter der rekurrierenden Infinitivreihe verschwindet. Auch in der Sammlung *Die präzisen Vergnügen* (1964) findet man dieses Spiel zwischen natürlicher und künstlicher Welt:

[...] 6
Festhalten dass wahr ist was war. Sehnsucht auf der Seite zu liegen statt auf dem Rücken. Wenn ich dann unwillkürlich ihre glatte Haut an irgendeiner Stelle berühre ist nicht mehr das was morgen war. Wer wohl wenn nicht ich

7
Immer eine sichtbare Wirklichkeit an der Spitze der Feder an Wörter nicht an Dinge denken

8
Ohne Platanen am Ilissus unter denen die Veränderungen überfällig werden und niemand die schamlosen Sonntage auf der Autostraße zu Ende denkt.

---

[225] Max Bense: „Bestandteile des Vorüber. Dünnschliffe Mischtexte Montagen", in: *Ausgewählte Schriften. Poetische Texte*, hg. von Elisabeth Walther, Stuttgart: Metzler 1998, Bd. IV, S. 22.

[...]
12
Hat man Spitzen und Rüschen zerrissen muss man fort
Kein Wort kein Brot vergessen auch das Vergnügen des Trinkens dauert nur einen Moment
Es ist ein Ort an dem man bleiben kann solange man Aufgaben besitzt die mit ihm nichts zu tun haben. Ist diese Fixierung beendet ist es Zeit zu gehen oder der Zerfall dringt ein[226]

Dieser Auszug fasst alle bisher genannten Aspekte zusammen, denn die von dem Infinitiv verliehene künstliche Subjektivität überscheidet sich mit der „natürlichen" Präsenz eines definierten Subjekts (vgl. „wer wohl wenn nicht ich") und die Metareflexion der Sprache mit der Thematisierung der Frage nach der Zeit. Insofern gehören die Schwerpunkte der Subjektivität und der Zeitfrage unmittelbar zur Poetik und Philosophie des Stuttgarter Denkers. Eine solche Zentralität ist schon im theoretischen Frühwerk Benses zu finden. In der Essay *Technische Existenz* (1949) behauptet der Techno-Lyriker, dass

> das thermodynamische Stadium der Technik einen neuen, zwar um vieles abstrakteren, aber dennoch nicht weltlich substantiell leeren Zeitbegriff [bildet]. Sie bildet ihn mit Hilfe des Entropiebegriffs. Da die Entropie, schlicht gesagt, ein Maß für die Wärmemenge ist, die nicht mehr in Arbeit zurückverwandelt werden kann, und die Entropie der Welt aus wahrscheinlichkeitstheoretischen Gründen einem Maximum zustrebt, ist die Größe der Entropie ein Maß für die Zeit der Welt.[227]

Dementsprechend profiliert sich die stochastische Arbeit an der Negentropie als künstlerische Strategie des Bewusst-Werdens der Zeitfrage. Es ist eben die Zeit, die als zentraler Parameter in der negentropischen Umgestaltung der Beziehung zwischen Mensch und Maschine fungiert. In einer einzigen räumlichen Einheit, nämlich dem Text als Fläche konzipiert, arbeiten der Dichter und das Programm zusammen, indem sie Rhythmen, Frequenzen und Pausen artikulieren, um neue, unerwartete, wobei formalkorrekte, Relationen zu erzeugen. Das Mitmachen mit der Maschine spiegelt sich textuell in der Abwechslung von Infinitiven

---

[226] Max Bense: „Die präzisen Vergnügen", in Ebd., S. 188 ff.
[227] Max Bense: Technische Existenz. Essays, in *Ausgewählte Schriften. Ästhetik und Texttheorie*, hg. von Elisabeth Walther, Stuttgart: Metzler, 1998, Bd. III, S. 1–159, hier S. 138.

wider, die mit der Subjektivität der Maschine verbunden sind, und von Ich-Formen, welche die Präsenz eines sprachlichen Handwerkers hinter der Maschine signalisieren. Es entsteht somit sowohl theoretisch als auch praktisch eine hybride Subjektivität des technisierten Dichters, welche textuelle Dispositive anstatt vormoderner Gedichte schöpft. Darauf bezüglich ist es wichtig hervorzuheben, dass das textliche Mitwirken von natürlichen und künstlichen Elementen in den Sammlungen nach und nach ansteigt: Im *jetzt*-gedicht gab es keine, in *Dünnschliffe* gibt es ein Possessivum, während in *Präzise Vergnügen* sogar ein „ich" vorkommt. Diese Tendenz könnte als ein Zeichen angesehen werden, dass auch die Beziehung zur Maschine, die zunächst dominant erscheint und dann wieder zurücktritt, zunehmend ins Gleichgewicht kommt.

Das Thema der Zeit rekurriert aber sehr oft auch inhaltlich. Bestätigt die erweiterte, bzw. „gekünstelte" Subjektivität des technisierten Dichters die Idee einer selbstreflexiven Lyrik, wo alles, laut Bense „in der Eigenwelt [bliebt]" so scheint der ständige Bezug auf die Zeit eine Öffnung nach außen, und zwar zur alten, „natürlichen" Realität nachzuzeichnen. Außer dem *jetzt*-Gedicht, welches den Augenblick selbst darstellt, findet man an mehreren Stellen der zitierten Auszüge Verweise auf Zeitwahrnehmungen. Es wird von Dauer, Ende, Bleiben usw. geschrieben.

Es ist in diesem Sinne, dass Benses Lyrik eine Ambiguität aufweist, die eigentlich schon in Sammlungstiteln vorkommt. Das Denkbild der „präzisen Vergnügen" – „ein idealer Bense-Titel"[228] – evoziert das Paradox seines existentiellen Rationalismus und zwar den Versuch, ein neues Sein in der Zeit durch die logisch-arithmetische Beobachtung und Rechnung der technischen Welt darzustellen. Es sind aber nicht nur die Titeln, die einem solchen Ansatz entsprechen, sondern auch die Texte selbst, wo „natürliche" Themen der Existenz „künstlich" behandelt werden. Die Erweiterung der Technik „unter die Haut der Welt" bietet also neue Zugänge zu alten Fragen: „Rationalität heißt immer nur den Überblick über die Genesis der Gedanken nicht zu verlieren"[229].

---

[228] Helmut Kreuzer: „Einleitung", in Ebd., S. VII–XXX, hier S. XXV.
[229] Max Bense: „Manifest des existentiellen Rationalismus", in *Ausgewählte Schriften. Philosophie*, hg. von Elisabeth Walther, Stuttgart: Metzler, 1997, Bd. I, S. 1–4, hier S. 4.

3. Endphase: *Poetische Abstraktionen* des Selbst

In der letzten Lyriksammlung, und zwar in *Poetische Abstraktionen* (1990), wurden weitere Gedichte aus den 60er Jahren in einer bearbeiteten Form veröffentlicht: „Es sind lange stumm gebliebene, nun laut gewordene ‚Verse aus dreißig Jahren', die tief im ‚Magma' steckten, bis ‚ein Aufruhr der Erfahrung' sie doch noch nach oben stieß und ‚den verschlossenen Mund der Poesie aufriß'"[230]. Es handelt sich dann um ein Parallelwerk, das nur am Ende Benses Karriere Resonanz fand. In der Sammlung findet man eine gewisse Wiederkehr von traditionellen Formen, als ob der Techno-Dichter sein lyrisches Gedächtnis als Database verwendet hätte, um die Lyrik als Mittel der philosophische Meditation über das Leben endgültig zu verwenden.

> Vor-Wort
>
> Was ist das Denken vor dem Wort
> und was ist Vielheit vor dem Sein?
> Was ist das Ich vor einem Du,
> und was ist Leben, das Du lebst und ich
> vor jenem Leben zwischen Tag und Nacht,
> und wie ein Blick auf Ebenen
> und Sonnen, ein Sein im „vor" und „nach"?
>
> Es ist alles nur ein Zwischen-Sprung,
> ein Tag, der Vorzeit ist und doch
> ein Tag vor seinem Sein und nach diesem Sein,
> ein Tag, der Tag und Nacht zugleich.
>
> Ein Sprung des Seins, das vorher war,
> ein Sprung, der ist in dem, was sein wird.
> Dein Sein und mein Sein und
> dennoch eines in der Wiederkehr
> des ersten Sprungs, des Jetzts
> und seines Seins im Sein des Seins.[231]

---

[230] Helmut Kreuzer: „Einleitung" in *Ausgewählte Schriften. Ästhetik und Texttheorie*, hg. von Elisabeth Walther, Stuttgart: Metzler, 1998, Bd. III, S. VII–XXX, hier S. XXIX. Die Zitate gehören zu Max Bense.

[231] Max Bense: *Poetische Abstraktionen*. Ostfieldern 1990, S. 4.

Dieses Gedicht öffnet den Band und lässt sich als metaphysische Beobachtung über das Sein lesen. Es besteht hauptsächlich aus traditionellen lyrischen Stilmitteln, und zwar aus Anaphern und Alliterationen, die sich durch Trochäen und Jamben verteilen. Die meisten der ausgewählten Wörter haben die gleiche Silbenzahl, was nach dem von Bense selbst entwickelten Modell zu einem geringen Entropiegrad führen würde. Die Frage des Seins wird im Zusammenhang mit dieser des Jetzt reflektiert, wo, anscheinend, „Tag und Nacht zugleich" sind. Es handelt sich also um eine Art mystischer Wahrnehmung der Zeit, die als ein kontinuierliches Entstehen und Vergehen in einer ewigen und unendlichen Folge dargestellt wird.

Am Anfang und Ende des Gedichtes bleiben jedoch Spuren der sprachlichen Metareflexion. Im ersten Vers werden das Künstliche „Was ist das Denken vor dem Wort" und das Natürliche „was ist Vielheit vor dem Sein?" miteinander verkoppelt. Die Fragen stehen syntaktisch nicht in Konkurrenz zueinander, da die Konjunktion „und" ihre Koexistenz auch in der Realität der Sprache signalisiert. Der letzte Vers „und seines Seins im Sein des Seins" ruft den ikonischen Rose-Vers der „Mutter der Moderne"[232] Gertrude Steins hervor. Anstatt die Eigenwelt der Sprache zu betonen, hebt dieser Verweis an der modernistischen Tradition in diesem Kontext die zirkuläre Zeitwahrnehmung stark hervor.

Insofern lässt sich behaupten, dass Bense hier die Perspektive der Hybridisierung zwischen Mensch und Maschine umkehrt, indem er fast eine Emanzipation der Maschine durch deren Eingliederung demonstriert. Im Mittelpunkt steht aber immer noch die Idee der Entropieüberwindung, die sowohl formal als auch inhaltlich in Gang als Bewusst-Werden des Todes gesetzt wird. In ihrem Werdegang betrachtet, profilieren sich Max Benses Theorie und Lyrik insofern trotz oder gerade wegen ihrer Zweideutigkeit als bewusste Figurationen der Negentropie.

---

[232] Max Bense: „Einführung in die informationstheoretische Ästhetik. Grundlegung und Anwendung in der Texttheorie", in *Ausgewählte Schriften. Ästhetik und Texttheorie*, hg. von Elisabeth Walther, Stuttgart: Metzler, 1998, Bd. III, S. 251–418, hier S. 365.

Einmal kurz in die digitale Welt und zurück.
Zur Nachahmung digitaler Künstlichkeit in *Bot. Gespräch ohne Autor* (2018) von Clemens J. Setz und *QualityLand* (2017) von Marc-Uwe Kling

Alessandra Goggio

Es mag vielleicht eine Binsenweisheit sein, doch ein Leben ohne Internet wäre für uns unvorstellbar. Laut jüngsten Statistiken verbringen wir durchschnittlich rund 10 Stunden am Tag vor einem Bildschirm, sei es am PC oder am Smartphone.[233] Die meiste Zeit davon treiben wir uns im Netz herum; und auch wenn wir nicht online sind, interagieren wir – oft unbewusst – mit Maschinen und Technologien, die wiederum im Netz miteinander kommunizieren, z.B. wenn wir Alexa darum bitten, das Licht anzumachen, oder den GPS-Navigator im Auto bedienen: Unser Alltag ist in das sogenannte „Internet der Dinge" eingebettet.[234] Unser Leben spielt sich also schon vor dem neulich angekündigten Ankommen des Zuckerberg'schen Metaverse in einer Welt ab, in der die Grenzen zwischen Wirklichkeit und jener simulierten Natürlichkeit des WWW, welche auf einer errechneten Künstlichkeit, d.h. auf „Objekte[n], Prozesse[n] und Maschinen, welche bestehende natürliche Objekte und Prozesse mittels anderer Materialien und Abläufe reproduzieren" (Negrotti)[235], basiert, allmählich schwinden und eine neue, zweite, Realität, die wir auch Hyperrealität[236] nennen könnten, entsteht.

---

[233] Nina Paulsen und Sebastian Klöß: „Zwei Jahre Corona: Jeden Tag 10 Stunden am Bildschirm", in: *bitkom*, 25. Januar 2022, Web, [Zugriffsdatum 31.01.2023].

[234] Julia Grillmayr: „Jeder Blick ein Klick – Digitale Literatur als Indikator der technologischen Umwelt", in: *Zurück in die Zukunft – Digitale Medien, historische Buchforschung und andere komparatistische Abenteuer*, hg. von Julia Danielczyk et al., Wiesbaden: Harrassowitz, 2016, 15–23, hier 15.

[235] Vgl. Gesine Lenore Schiewer: „KI-Forschung und Ästhetik digitaler Literatur: Zur Diskussion des Künstlichen", in: *Kodikas/Code* 24/3-4 (2001), 179–188, hier 181.

[236] Hyun-Joo Yoo: *Text – Hypertext – Hypermedia. Ästhetische Möglichkeiten der digitalen Literatur mittels Intertextualität, Interaktivität und Intermedialität*, Würzburg: Königshausen & Neumann, 2007, hier 187.

Schon längst bevor die künstliche Welt der Rechenmaschinen zu unserer „zweiten Natur"[237] wurde, richtete die Literatur ihre Aufmerksamkeit auf sie. Angeregt von Turings Experimenten mit der künstlichen Intelligenz sowie von Impulsen der Konkreten Poesie, versuchten Informatiker_innen und Autor_innen schon ab den 50er Jahren computerbasierte literarische Werke, insbesondere Gedichte, zu erzeugen – man denke z.B. an Theo Lutzs *Stochastische Texte* aus dem Jahr 1959 oder an Hans Magnus Enzensbergers Projekt eines Poesie-Automaten, welches er schon in den 70er Jahren entwarf.[238] Erst aber mit dem anfänglichen Boom des Internets in den 90er Jahren fingen immer mehr Schriftsteller_innen an, die digitale Welt in ihren Werken thematisch sowie strukturell zu verarbeiten, oder aber die Leistungsfähigkeit und die Eigentümlichkeiten des Universalmediums Computer und des Netzes auszunutzen, um neue Formen von Literatur – wie z.B. nicht-lineare und multimediale Hypertexte oder sogenannte Code-Gedichte, d.h. Gedichte, die die Zeichensprache des Computers benutzen – zu entwickeln, und zwar bis zu den jüngsten (nicht so erfolgreichen) Versuchen, Algorithmen allein dichten zu lassen.[239]

Solche Unternehmungen werden nun schon seit mehr als dreißig Jahren unter dem Stichwort „digitale Literatur" zusammengefasst, einem Begriff, der bis heute zahlreiche Modifikationen unterlaufen ist und verschiedene Stufen bzw. Arten von Intermedialität[240], d.h. von Wechselwirkung zwischen den Medien, in diesem Fall zwischen Literatur

---

[237] Mercedes Bunz: *Die stille Revolution. Wie Algorithmen Wissen, Arbeit, Öffentlichkeit und Politik verändern, ohne dabei viel Lärm zu machen*, Berlin: Suhrkamp, 2012, hier 67.

[238] Eine äußerst interessante Geschichte der Verbindungen zwischen Schrift bzw. Literatur und Mechanik bzw. Technologie von den Anfängen bis zur Gegenwart bietet die neulich erschienene Studie *Die Automatisierung des Schreibens & Gegenprogramme der Literatur* von Philipp Schönthaler (Berlin: Matthes & Seitz, 2022).

[239] Vgl. Daniel Kehlmann: *Mein Algorithmus und ich*, Stuttgart: Klett-Cotta, 2021.

[240] In Abgrenzung zur *digitalisierten* Literatur hebt Roberto Simanowski Intermedialität als eine der drei Haupteigenschaften (die anderen zwei sind Interaktivität und Inszenierung) von *digitaler* Literatur hervor. Vgl. Roberto Simanowski: „Interactive Fiction und Software-Narration. Begriff und Bewertung digitaler Literatur", in: *Liter@tur. Computer – Literatur – Internet*, hg. von Hansgeorg Schmidt-Bergmann und Torsten Liesegang, Bielefeld: Aisthesis, 2001, 117–140, hier 128.

und Computer oder zwischen Literatur und Netz (Netzliteratur[241]), einschließt. Aus Platzgründen muss hier auf eine eingehende Erörterung der Entwicklung und der verschiedenen Arten von digitaler Literatur verzichten werden[242] und es wird, einem Kategorisierungsvorschlag von Simone Winko folgend[243], zwischen digitaler bzw. Netzliteratur in einem pragmatischen und technischen Sinne – d.h. einer Literatur, die produktions- und oft ebenfalls rezeptionstechnisch sich durch die Qualitäten des Digitalen bzw. des Netzes auszeichnet – und einer programmatischen Netzliteratur, in der die digitale Welt, insbesondere das Dispositiv des Netzes, ein „wichtiges situatives Element bildet, welches fiktionale Texte auf differenten Ebenen in unterschiedlichem Maße zu strukturieren vermag und an dem sich zahlreiche Themen herauskristallisieren können".[244] Ebendiese letztere Kategorie, die durchaus als digitale Literatur im erweiterten Sinn anzusehen ist,[245] scheint von einem literaturwissenschaftlichen Standpunkt aus interessant zu sein, zumal solche Texte durch die Nachahmung und Re-Inszenierung der Künstlichkeit der digitalen Welt einen Raum verschaffen, in dem fruchtbare Überlegungen angestellt werden können, sei es über literaturwissenschaftliche Konzepte, wie das der Autorschaft, oder über Fragestellungen, die in unserer von den digitalen Medien mehr und mehr geprägten Gegenwart höchst brisant sind.

---

[241] Netzliteratur unterscheidet sich von digitaler Literatur dadurch, dass sie „sich durch die Qualitäten des Netzes auszeichnet". Ebd., 125.

[242] Dazu siehe: Heiko Zimmermann: *Autorschaft und digitale Literatur. Geschichte, Medienpraxis und Theoriebildung*, Trier: Wissenschaftlicher Verlag Trier, 2015, insb. 9–39.

[243] Simone Winko: „Literatur und Literaturwissenschaft im digitalen Zeitalter. Ein Überblick", in: *Der Deutschunterricht* 5 (2016), 2–13, insb. 5–8.

[244] Szilvia Gellai: *Netzwerkpoetiken in der Gegenwartsliteratur*, Stuttgart: J.B. Metzler, 2018, hier 12.

[245] Vgl. Hannes Bajohr und Annette Gilbert: „Platzhalter der Zukunft: Digitale Literatur II (2001 → 2021)", in: *Digitale Literatur II*, hg. von Hannes Bajohr und Annette Gilbert, München: edition text + kritik, 2021 (Text + Kritik. Zeitschrift für Literatur X/21, Sonderband), 7–21, hier 10: „‚Digitale Literatur' folgt sowohl einer heute recht klar zu identifizierenden Tradition und integriert zugleich eine bestimmte Art und Weise literarischen Verhaltens in der Gegenwart. Sie vollzieht nicht lediglich ‚die Digitalisierung' mit – das ist in allen gesellschaftlichen Bereichen der Fall –, sondern reflektiert diese Grundbedingung heutiger Literaturproduktion und -rezeption. Sie ist sich, in einem Wort, ihrer Digitalität wesentlich bewusst."

In diesem Zusammenhang erweisen sich zwei Werke aus den 10er Jahren des neuen Jahrtausends als besonders aufschlussreich: das 2018 erschienene „Gespräch ohne Autor" – so der Untertitel – *Bot* des Büchner-Preis-Trägers 2021 Clemens J. Setz, und *QualityLand*, der erste Roman des deutschen Liedermachers, Kabarettisten und Autors Marc-Uwe Kling aus dem Jahr 2017. Beide Texte inszenieren „auf Papier" die Eigenschaften und Funktionsweise digitaler Medien und Computerprogramme – es handelt sich um einen sogenannten Chatbot bei Setz und verschiedene Social Media und Online-Dienste bei Kling. Damit plädieren sie allerdings nicht für einen romantischen „Rückfall in die Haptik"[246], sondern versuchen, jenes „kritische[] Potential [der digitalen Literatur/Netzliteratur, A.G.], das sich entfaltet, wenn sie die speziellen Bedingungen des Mediums nicht nur nutzt, sondern auch zu Bewusstsein bringt"[247] zu verwirklichen, indem sie unseren Blick sowohl auf die traditionelle als auch auf die digitale Literatur verfremden und dazu beitragen, Silberstreifen aber auch Gefahren der Digitalität für die Literatur und ihre Akteure sowie für unsere Existenz in einer immer mehr digitalisierten und vernetzten Welt zu beleuchten.

Unter den Gefahren der digitalen Literatur hat man im literaturwissenschaftlichen Bereich oft insbesondere vor dem möglichen Verschwinden bzw. einem zweiten „Tod des Autors/der Autorin" zugunsten neuerer Formen kollektiver, interaktiver oder sogar automatischer Autorschaft[248] gewarnt.[249] Nichtsdestotrotz gab es ebenfalls Versuche,

---

[246] Michael Krüger, zitiert in Jörg Plath: „Die Literatur in digitalen Zeiten", in: *Zukunft der Literatur*, hg. von Hermann Korte, München: edition text + kritik, 2003 (Text + Kritik. Zeitschrift für Literatur V/13, Sonderband), 29–41, hier 39.

[247] Schiewer (Anm. 3), 184.

[248] Zur Autorschaft in der digitalen Literatur siehe: Florian Hartling: *Der digitale Autor. Autorschaft im Zeitalter des Internets*, Bielefeld: transcript, 2015; Julian Ingelmann und Kai Matuszkiewicz: „Autorschafts- und Literaturkonzepte im digitalen Wandel", in: *Zeitschrift für Germanistik* XXVII/2 (2017), 300–315; Uwe Wirth: „Der Tod des Autors als Geburt des Editors", in: *Digitale Literatur*, hg. von Roberto Simanowski, München: edition text + kritik, 2001 (Text + Kritik. Zeitschrift für Literatur X/01, Heft 152), 54–64.

[249] Stefan Münker: „Der Autor als Automat. Über Märchen, Medien und Menschen", in: *Kodex* 10 (2020), 87–95, hier 87: „[D]as Konzept der Autorschaft selbst [ist] ein Stück im Verruf geraten – aus verschiedenen Gründen, seit einiger Zeit, und zuletzt verstärkt durch die vielbeschworene ‚Macht der Algorithmen' und sogenannte ‚künstliche Intelligenzen' und die ganze Bande unserer digitalen Begleiter.".

neue digitale Ausdrucksmedien und -formen – wie z.B. Weblogs – als Erweiterung der Funktion Autorschaft und als weitere Möglichkeit für die Autor_innen, die „eigene Arbeit zu reflektieren"[250], aufzuwerten. Wie Computerprogramme und Hypertexte die Figur des Autors/der Autorin nicht ersetzen, sondern sogar „potenzieren"[251] und mit neuen Instrumenten ausstatten (können), die anstatt des Produkts den Prozess der literarischen Schöpfung und folglich auch die Autorintention in den Fokus rücken, zeigt sich eben am Beispiel von Clemens J. Setz' *Bot*. Den seltsamen Prozess, dem die Entstehung des Textes zu verdanken ist und worauf im Titel angespielt wird, erklärt der Autor selbst in dem poetologisch gesehen ausschlaggebenden Vorwort: 2016, so Setz, habe sein Verlag – der Suhrkamp Verlag – ihn gefragt, ob er „mit der Lektorin Angelika Klammer eine Art Gesprächsband machen wolle".[252] Setz sagte zu, erwies sich aber bald nicht in der Lage, die Fragen der Interviewerin sinngemäß zu beantworten; um den Abbruch des Projekts zu vermeiden, schlug er dann vor, Klammer könnte sich aus seinen „digitalen-Tagebüchern" bedienen und „anstatt des verstockt dahinplaudernden Autors einfach diese Datei [...] befragen und auf deren Antworten wiederum Gegenfragen [...] formulieren und so weiter, als wäre das Worddokument ein lebender Gesprächspartner".[253] Um Antworten auf Klammers Fragen zu finden, suchte man also in einer Originaldatei, die von Setz zur Verfügung gestellt wurde, nach Begriffen, die in der Frage der Interviewerin enthalten waren, oder nach deren Synonymen, und fand damit einzelne Tagebucheinträge, die man dann als Antwort benutzte und aus deren Inhalt man wiederum Worte auswählte, um neue (Gegen-)Fragen bzw. Kommentare zu formulieren und die Gattung des Interviews zu simulieren, wie folgendes Beispiel aufzeigt:

> *In einer neuen Stadt gehen Sie am liebsten gleich in eine* **Apotheke**. *Warum?*
> Freitagnachmittag in Wien. In der **Apotheke** überlege ich, den etwas losen Ärmelknopf meines Mantels abzureißen und der Verkäuferin vor mir in

---

[250] Kerstin Paulsen: „Von Amazon bis Weblog. Inszenierung von Autoren und Autorschaft im Internet", in: *Autorinszenierungen. Autorschaft und literarisches Werk im Kontext der Medien*, hg. von Christine Künzel und Jörg Schönert, Würzburg: Königshausen & Neumann, 2007, 257–269, hier 262.
[251] Zimmermann (Anm. 10), 79.
[252] Clemens J. Setz: *Bot. Gespräch ohne Autor*, hg. von Angelika Klammer, Berlin: Suhrkamp 2018, hier 9.
[253] Ebd., 10.

den Ausschnitt zu werfen, wie eine Münze in einen Automaten, vielleicht wäre es die richtige Zauberhandlung gegen meine Halsschmerzen. Ich bin unterwegs zum Bahnhof, und die Luft hat schon Schnee. Überhaupt sollte man mehr mit Knöpfen um sich werfen. Früher trugen die Männer zu diesem Zweck Orden an der Brust. Ein einzelnes Zeitungsblatt treibt auf der Straße, mal aufgeregt anbrandend gegen Hausmauern, mal geduckt undulierend wie ein Rochen. – Halspastillen werden zu Kontaktlinsen, wenn man sie lange im Mund hat. (Anfang Dezember 2016)

Was unterscheidet eine inspirierende Apotheke von einer langweiligen?

In Dresden sehe ich einen Mann mit einem silberknaufigen Spazierstock (den er beim Gehen nur leicht aufsetzt) in der linken und einer rollenden Sauerstoffflasche in der rechten Hand. So geht er auf der Straße dahin. In der Auslage eines Antiquariats liegt ein Buch: *Kleine Anleitung zur Freundschaft mit einem Globus* von Kapitän Alfred E. Schmidt, Verlag von Dietrich Reimer, 1939. Daneben gleich die **Apotheke**, hübsche Kombination, man hat an mich gedacht. Aber leider stehen keine Sauerstoffflaschen in der Auslage. Die Stadt reimt sich nicht vollkommen. (6. März 2013)

Den Tipp mit der Apotheke haben Sie von Tucholsky. Was kann man sich noch von der Literatur abschauen? [...][254]

In einigen Fällen wurde hingegen das Zufallsprinzip angewandt und es wurden Textabschnitte ohne scheinbaren Bezug zur Frage als Antwort benutzt:

Gibt es viel Nutzloses in Ihrem Tagebuch?

Im Hör**buch** von Tonio Kröger, gelesen von **Thomas Mann** selbst, ist an einer Stelle im Hintergrund deutlich das Bellen eines Hundes zu hören. Der Königspudel! (7. Januar 2016)

Wenn man sich für Thomas Mann interessiert, ist das vielleicht nicht uninteressant.

Heuballen, die jeden August auf den Sommerfeldern ausgeworfenen Knopfbatterien der Duracellhasen. (August 2016)[255]

Der Text, welcher aus diesem „unkreativen" Schöpfungsakt – um Kenneth Goldsmiths Worte zu gebrauchen[256] – entstanden ist, erweist sich inhaltlich als eine ziemlich bunte Mischung von poetologischen

---

[254] Ebd., 13/14. Unterstreichungen der Autorin.
[255] Ebd., 30/31. Unterstreichungen der Autorin.
[256] Vgl. Kenneth Goldsmith: *Uncreative writing. Managing Language in the Digital Age*, New York: Columbia University Press, 2011.

Einmal kurz in die digitale Welt und zurück 121

Reflexionen, tagebuchartigen Beschreibungen von Reisen, Ausflügen und alltäglichen Situationen und einer Menge merkwürdiger Anekdoten aus den Lektüren des Autors sowie aus dem Internet – hinzu kommen auch einige Bilder, die vom Autor genommen wurden oder aus dem Netz stammen, die manche Antworte begleiten.

Auf der strukturellen Ebene erscheint der Text allerdings als ein höchst künstliches Konstrukt, das trotz seiner analogen Machart die Digitalität seines Entstehungsprozesses nicht leugnet, ganz im Gegenteil in den Mittelpunkt rückt, da die „Darstellung" „sich weniger auf – wie auch immer geartete – narrative Repräsentation innerer und/oder äußerer Welten [konzentriert], sondern auf den [in diesem Fall simulierten, A.G.] Einsatz von Software und die Reflexion des Mediums, das neue Darstellungsformen erlaubt und verlangt".[257] Denn genau genommen lässt sich der Text, der in 5 Tage aufgeteilt ist, als hätte ein mehrtägiges Interview tatsächlich stattgefunden, als schriftliches Skript eines Dialogs zwischen einem Menschen und einer Maschine interpretieren, welches wiederum die Eigenschaften eines Hypertextes aufweist. Das Auswählen eines Wortes, das mal mehr mal weniger auffallend als Knotenpunkt zwischen Frage und Antwort fungiert, ahmt tatsächlich die Funktionsweise eines Chatbots[258] jenseits seiner graphischen Interface nach: Stellt man einem solchen Programm eine Frage, wird diese zunächst in einzelne Elemente aufgeteilt, um dann nach einer Antwort in einer zuvor angelegten Datenbank zu suchen – wobei diese Datenbank prinzipiell offen ist und ständig neue Daten aus den gestellten Fragen sammelt – und

---

[257] Christiane Heibach: „Die unsichtbare Geschichte: Thesen zum Wesen der Netzliteratur", in: *Kodikas/Code* 24/3-4 (2001), 189–197, hier 190.

[258] Chabots werden heute insbesondere im Martketing- und Kundenservicebereich eingesetzt und bilden den Kern unserer modernen Sprachassistenten wie Alexa oder Google Home; allerdings simulierte ELIZA, der erste Chatbot, der 1966 von dem deutschen Informatiker Joseph Weizenbaum programmiert wurde, eine Psychotherapeutin im Gespräch mit einem Patienten und wurde im Vordergrund als „Computerprogramm zur Untersuchung der natursprachlichen Kommunikation zwischen Mensch und Maschine" gedacht, also als Versuch, eine „natürliche" Kommunikation zwischen Mensch und Maschinen zu ermöglichen. Vgl. dazu: Joseph Weizenbaum: „ELIZA – A Computer Program For the Study of Natural Language Communication Between Man and Machine", in: *Communication of the ACM* 9/1 (1996), 36–45. Zu den heute berühmtesten und meistdiskutierten Chatbots gehört zweifellos ChatGPT, der im November 2022 veröffentlicht wurde.

schließlich eine Antwort zu geben.[259] Die Antwort kann dann mehr oder weniger passend zur Frage sein und entweder in die von dem humanen Gesprächspartner vorgegebene Richtung einschlagen oder neue Perspektiven eröffnen, wobei die Maschine sozusagen die Überhand gewinnt und das Gespräch lenkt – das passiert im Buch z.B. als auf die Frage „Was entdecken Sie auf ihre Streifzüge?" ein Text über einen Elefanten in einem russischen Zoo folgt und die nächste Frage dann die Beziehung des Autors zu Tieren im Allgemeinen in den Fokus rückt.[260] Solche Umwendungen und Sprünge im Fluss des Gesprächs berauben es seiner Natürlichkeit und verleihen ihm eine gewisse Künstlichkeit, die von den Leser_innen als verfremdend empfunden werden könnte und das Ganze als ein leuchtendes Beispiel von *non sequitur*[261] gelten lässt.

Versucht man aber, den Text als gedruckte Version eines Hypertextes zu interpretieren, erscheint das Werk unter einem neuen Licht. Geht man

---

[259] Vgl. dazu Roland Jabkowski und Harms Becker: „Die Entwicklungsdynamik und die Chancen durch Digitalisierung: Blockchain und was sonst noch kommt! – Ein Ausblick auf die neuesten Entwicklungen", in: *Handbuch Digitale Verwaltung*, hg. von Henning Lühr, Roland Jabrowski und Sabine Smentek, Wiesbaden: KSV, 2019, 75–92, hier 85: „Die grundlegende Funktionsweise hinter dem Chatbot ist die Zerlegung der eingegebenen Information in ihre Grundbestandteile. [...] Das Programm durchsucht den gegebenen Satz nach den einzelnen Wörtern [...]. Um den spezifischen Satz zu verstehen, muss eine Datenbank mit genügend Einträgen für mögliche Begriffe und deren Synonyme vorliegen.". Setz' Bot lässt sich übrigens als „rule-based" Chatbot auffassen: „Rule-based chatbots match the user input to a rule pattern and select a predefined answer from a set of responses with the use of Pattern Matching algorithms. The context can also contribute to the rule selection and the format of the response. Rule-based systems, typically, do not create new answers as the knowledge used is written by the developer in the form of conversational patterns. The more extensive the database with the rules is, the more capable a chatbot is of answering the user's questions. [...] In most rule-based chatbots for single-turn communication, the answer is selected, taking into account only the last response." Eleni Adamopoulou und Lefteris Moussiades: „Chatbots: History, technology, and applications", in: *Machine Learning with Applications* 2 (2020), 1–18, hier 4, <https://doi.org/10.1016/j.mlwa.2020.100006>.

[260] Setz (Anm. 20), 21/22.

[261] Als *Non sequitur*, bzw. *Nonseq* wird „eine anschlussfreie Kommunikation, entsemantisierte Sprache, in der eins gerade nicht auf das andere folgt" bezeichnet; *Nonseq* war allerdings schon die Lieblingskommunikationsform von Natalie, der Protagonistin von Setz' 2015 erschienenem Roman *Die Stunde zwischen Frau und Gitarre*. Vgl. dazu: Vera Bachmann: „‚Das Internet sprach immer mit vollem Munde' – Schnittstellen zwischen Digitalem und Analogem in Clemens Setz' Roman *Die Stunde zwischen Frau und Gitarre*", in: *Kodikas/Code* 41/1-2 (2018), 20–29, insb. 24/25.

davon aus, dass die Auswahl der zentralen Begriffe, die als Knotenpunkte zwischen den verschiedenen Textelementen wirken, sowie die Anordnung der Frage-Antwort-Abschnitte von der „Herausgeberin" – so wird sie übrigens auf der Titelseite bezeichnet – Angelika Klammer oder, wie manche Rezensenten vermuten[262], von Setz selbst vorgenommen wurden und nicht durch eine beliebige algorithmische Volltextsuche, übernehmen ebenjene Knotenwörter eine präzise Funktion: Sie dienen nämlich als Links, die entweder „referentiell", also ohne semantische Spezifikation, oder „typisiert",[263] d.h. durch die Herstellung von „hierarchischen, argumentativen oder thematischen Verknüpfungen", die lineare Struktur der Originaldatei – also das ursprüngliche digitale Tagebuch, welches einem chronologischen Prinzip folgte, das in den Zeitangaben, die nach jeder Antwort angegeben werden, heraufbeschworen wird[264] – in einen rhizomatischen Raum umwandeln, der sich ebenfalls jenseits der materiellen Grenzen des Buches erweitert, indem sowohl in den Fragen als auch in den Antworten aus anderen Werken des Autors, aus Lexikon-Einträgen, aus Webseiten und weiteren Quellen zitiert wird. Dennoch geben solche „Links", solange man den Text linear, also wie er abgedruckt wird, liest, einen bestimmten Pfad für die Leser_innen vor, der ihnen keine Freiheit bei der Textkonstruktion einräumt und sogar den Eindruck erweckt, man wäre der Macht des Bots ausgeliefert.

---

[262] Vgl. dazu: Lothar Müller: „Stolpereffekte", in *Süddeutsche Zeitung* v. 17.02.2018, 20; Michael Wurmitzer: „Eine Welt, die flirrt und flackert", in: *Der Standard* v. 10.02.2018, A1/2; Harald Staun: „Der Autor und sein Avatar", in: *FAZ* v. 15.04.2018, 49; Gerhard Melzer: „Das Ich steckt als ausgelagerte Seele im Computer", in: *NZZ* v. 10.03.2018, 49.

[263] Simone Winko: „Lost in hypertext? Autorkonzepte und neue Medien", in: *Rückkehr des Autors. Zur Erneuerung eines umstrittenen Begriffs*, hg. von Fotis Jannidis et al., Tübingen: Niemeyer 1999, 511–533, hier 514.

[264] Dadurch, dass die tagebuchartige Struktur, die der Originaldatei zugrunde liegt, partiell erhalten bleibt, weist Setz' Werk implizit auf zwei wichtige „Vorfahren" hin: einerseits auf den Hypertext „avant la lettre" *Das Echolot* (1993–2005) von Walter Kempowski (vgl. dazu: Markus Krajewski: „(Un)Tiefen elektronischer Textarchive. Zu Status und Produktionsbedingungen digitaler Literatur", in: *Kodikas/Code* 24/3-4 (2001), 143–148); andererseits auf Rainald Goetz' Internet-Tagebuch *Abfall für alle* (1999), einen Text, der, wenn auch nicht offensichtlich wie *Bot*, „programmatisch darum bemüht ist, den Leser zu einer Form von Hypertext-Lektüre zu verleiten" (Harro Segeberg: „‚Parallelpoesien'. Buch- und/oder Netzliteratur? Einführung und Überblick", in: *Digitalität und Literalität*, hg. von Harro Segeberg und Simone Winko, Paderborn: Fink, 2005, 11–27, hier 24).

Auf diese Art und Weise entlarvt Setz jene Lesefreiheit, die von Hypertexten angeblich gewährt wird,[265] als künstliches Konstrukt und regt dementsprechend einige Reflexionen über die vieldebattierte Rolle des Autors/der Autorin in der digitalen Welt an, denn trotz des Untertitels „Gespräch ohne Autor" ist der österreichische Schriftsteller in diesem Werk präsenter denn je, und zwar auf doppelte Weise, d.h. als Schreiber und zugleich als „Programmierer" des Textes.[266] Als Schreiber agiert Setz, indem er seine Journalen zur Verfügung stellt und sozusagen als lebende Datenbank eines Chatbots fungiert; als Programmierer hingegen tritt er hinter die Kulissen des Textes und handelt eben als das, was Marjorie Perloff als ein modernes „unoriginal genius"[267] bezeichnen würde, also als ein_e Autor_in, dessen/deren Genialität nicht mehr in dem individuellen Originalcharakter seiner/ihrer Schöpfung liegt, sondern vielmehr in seiner Fähigkeit schon vorhandenen Materialien und Codes zu kombinieren, um Neues und Unerwartetes zu schaffen, wie auch die Schriftstellerin Sasha Marianna Salzmann in ihrer Rezension zum Buch unterstreicht: „Womöglich ist Clemens Setz die aktuellste Version eines Schriftstellers: Er gibt die in den unendlichen Weiten des Internets gefundene Information nicht als sein Wissen aus, im Gegenteil, er stellt sie aus: Seht euch an, was hier steht!".[268]

Da aber die Elemente, die er hier verknüpft, seine eigenen Notizen und Journaleinträge sind, wird der Autor Setz zum Produzenten und Produkt zugleich[269] – wie das Bild auf dem Cover ebenfalls zu suggerieren scheint[270] –, behält dennoch seine kreative Freiheit (auch

---

[265] Winko (Anm. 31), 533.

[266] Ebd., 526: „Der Autorbegriff potenziert sich: Als ‚Autor' kann sowohl der Verfasser eines Hypertextes beziehungsweise Hypertext-Elements als auch derjenige gelten, der Verbindungen zwischen ursprünglich nicht aufeinander bezogenen Texten herstellt, also der Setzer von *links*.".

[267] Marjorie Perloff: *Unoriginal genius. Poetry by other means in the new century*, Chicago/London: The Chicago University Press, 2010.

[268] Sasha Marianna Salzmann: „Seht euch an, was hier steht!", in: *Literatur Spiegel* 6 (2018), 10.

[269] In dieser Hinsicht kommt der Autor Setz als „Figur" im Buch der „diskursiv erzeugten Figur" des Bloggers nähe, wobei sein Werk auch als Autofiktion oder als „oblique autobiography" (Goldsmith, Anm. 24, 188) gelesen werden könnte. Johannes Auer: „Vom Web 1.0 zum Postinternet. (Fast) alles über Netzliteratur in 3½ Kapiteln", in: *Netzliteratur im Archiv*, hg. von Jutta Brendt, Göttingen: Wallstein, 2017, 13–30, hier 30.

[270] Melzer (Anm. 30): „So gesehen, wird hier nicht ein Algorithmus wirksam, wie der Titel nahelegt, sondern der Eigensinn eines Schaffens, das sich in gewitzten

oder insbesondere den Leser_innen gegenüber), indem er über den Algorithmus (als Literaturwissenschaftler_in würde man vielleicht eher sagen: das poetologische Prinzip), der den Text „steuert", letztendlich allein entscheidet. Statt des Todes des Autors/der Autorin wird hier vielmehr seine/ihre Unentbehrlichkeit gefeiert, denn „letztlich kommt auch digitale Literatur als Kunstform nicht um jenen schöpferischen Akt herum, den der Wissenschaftsjournalist Dieter E. Zimmer als ‚die Arbeit des Ausdrucks' gekennzeichnet hat."[271] Was Setz hier treibt, ist „genialistische digitale Literatur" im besten Sinne, d.h. eine Literatur, die „mit multimedialen und interaktiven Stilmitteln [arbeitet], die in hohem Maße vom einzelnen Künstler durchgearbeitet und kontrolliert sind"[272], und die Künstlichkeit sowohl der digitalen Welt als auch der „natürlich-traditionellen" Literatur herausstellt, allerdings nicht als seelenloses Produkt einer Maschine, sondern als Schöpfung sowohl des „nervöse[n] Nerd, de[s] Computerspieler[s] und Internetnomade[n]" als auch eines „Autors, dessen Sprachgefühl, Fantasie und Sprachreichtum aus seiner innigen Verbindung mit dem Elementaren, der physischen Existenz, dem Kreatürlichen erwächst".[273]

Wie schon angedeutet erschöpft sich die Bedeutung des Buches außerdem nicht allein in der Re-Affirmation der Rolle des Autors, und zwar auch in der digitalen Welt; die verfremdende Nachahmung jenes digitalen Universums, das wir nun immer mehr als unsere „wahre" Realität betrachten, zielt außerdem darauf ab, die realen Machtverhältnisse, die in dieser nur anscheinend freien Welt herrschen, zu enttarnen und die Leser_innen dazu aufzufordern, sich der Macht der Algorithmen bewusst zu werden und zu entziehen. Eine Aufforderung, die eine Art Bestätigung in Setz' sogenannter „Poetik des Glitches" findet, d.h. in

---

Spiegelungen und Brechungen seiner Besonderheit versichert. Die Umschlaggrafik fasst diese Selbstbezüglichkeit in ein schlagendes Bild. Sie zitiert ein Plakat von Leonetto Cappiello, das ein strickendes Schaf zeigt. Das Garn für die Socken, an denen es werkt, rollt das Tier direkt vom eigenen Körper ab. Über seine surreale Komik hinaus verweist das Bild auf die Metamorphosen, die jeder Werkprozess in Gang setzt, macht aber auch sinnfällig, dass dem Stoff, aus dem die Werke sind, immer schon ihr Schöpfer innewohnt.".

[271] Jürgen Daiber: „Digitale Literatur – Kulturelles Phantasma und technologische Wirklichkeit", in: *Deutsche Bücher* 33/4 (2003), 277–289, hier 279/280.

[272] Florian Hartling: „Literarische Autorschaft", in: *Literatur und Digitalisierung*, hg. von Christine Grond-Rigler und Wolfgang Straub, Berlin/Boston: de Gruyter, 2012, 69–92, hier 92.

[273] Müller (Anm. 30).

der Aufwertung von Fehlern (im Programmcode), welche Effekte oder Abläufe auslösen, die von den Softwareentwicklern nicht beabsichtigt wurden, also Augenblicke der Freiheit von der Allgegenwärtigkeit des Codes darstellen und aus diesem Grund eben, dem Autor nach, „zu der kostbaren Kategorie absichtslos entstandener Kunst"[274] gehören.

Darauf, dass die Meinungs- und Entscheidungsfreiheit, die uns die digitale Welt zu gewähren scheint, in der Tat eher ein Schleier der Maya ist, hinter dem sich immer noch alte Herrschaftsmechanismen verbergen, wird ebenfalls im Roman *QualityLand* von Marc-Uwe Kling eingegangen. Diese „lustige Dystopie"[275], wie der Autor sein Werk nennt, und zugleich „Parodie aller Ideologien, besonders die des Neoliberalismus"[276] spielt in einer ungewissen, aber ziemlich nahen Zukunft. In dieser Zukunft ist aus Deutschland QualityLand geworden, ein Land wo alles, also jede menschliche Handlung und Interaktion, von prädiktiven Algorithmen gesteuert wird: jede Büger_in verfügt über einen sogenannten WIN-Assistenten, eine Art Super-Alexa, die Fragen schon beantwortet, bevor man sie stellt; mittels Drohnen beliefert das Online-Geschäft The Shop – eine Amazon-Parodie – ständig seine Kunden mit Produkten, die sie nicht mal wissen, dass sie diese brauchen oder sich wünschen; Autos fahren sich selbst zum Ziel und sogar literarische Werke, die ohnehin von Androiden verfasst werden, kann man sich personalisieren lassen. Alle diese Maschinen treten übrigens im Roman als Figuren auf, die eine Art unsichtbare Parallelexistenz zu den Menschen führen, genau wie im realen Netz „much of the conversation across the networks is machines talking to other machines"[277], und zwar ohne dass wie es nur ansatzweise mitbekommen.

Was an diesem Roman interessant ist, ist aber nicht – oder zumindest nicht in erster Linie – dessen Handlung (ein schelmenhafter Held durchschaut das Spiel und führt eine Art Revolution gegen die „bösen"

---

[274] Clemens J. Setz: „Die Poesie des Glitches", in: *Clemens J. Setz trifft Wilhelm Raabe. Der Wilhelm Raabe-Literaturpreis 2015*, hg. von Hubert Winkels, Göttingen: Wallstein, 2016, 33–40, hier 33.

[275] Elisabeth von Thadden: „Bitte bewerten Sie mich jetzt", in: *Die Zeit* v. 02.11.2017, 19.

[276] Maria Endreva: „Science-Fiction als Teil der Trivialliteratur. Formale Besonderheiten und ideologische Implikationen am Beispiel von Mark-Uwe Klings QualityLand", in: *Leichte und schwere Literatur. Die Vielfalt individuellen Leseglücks*, hg. von Sylvia Paulischin-Hovdar, Wien: Praesens, 2020, 59–77, 70.

[277] Goldsmith (Anm. 24), 224.

Einmal kurz in die digitale Welt und zurück 127

Maschinen an, die sich am Ende allerdings humaner erweisen als die Menschen selbst); auffallend ist vielmehr die Art und Weise, wie Kling hier die künstliche Welt des Internets, insbesondere die der Social Media, paratextuell und strukturell inszeniert.

Diese Inszenierung fängt schon beim Cover an. Der Roman erschien nämlich in zwei Versionen – einer hellen und einer dunklen: Beim Kauf mussten sich also die Leser_innen für die eine oder die andere entscheiden, und zwar ohne zu wissen, worin die Unterschiede zwischen den zwei Fassungen liegen. Was auf den ersten Blick als eine eher belanglose Wahl erscheinen dürfte, stellt sich jedoch bald als weitreichende Entscheidung dar, denn dadurch wird nämlich die Funktionsweise der uns allen bekannten Cookies, also jener Codes, die von Webseiten angewandt werden, um Daten von den Nutzern zu sammeln, nachgeahmt. Konkret wirkt das Cover als profiling cookie[278]: Je nachdem man sich für den hellen oder den dunklen Umschlag entscheidet – also seine/ihre Präferenzen unbewusst preisgibt –, bekommt man eine „personalisierte" Version des Romans, die ebendiesen Präferenzen entsprechen sollte. Denn tatsächlich weichen die zwei Versionen ebenfalls was ihren Inhalt betrifft voneinander aus – nicht so sehr in der Handlung, sondern vielmehr in jenen Werbeanzeigen, Artikeln und Kommentaren, die während der Lektüre sozusagen „auftauchen". Zwar findet man zwischen den einzelnen Kapiteln des Textes Seiten, die sich sowohl farblich als auch vom Layout her von den anderen unterscheiden: Es handelt sich wie eben gesagt um kleinere Textabschnitte, welche die typischen Merkmale von Online-Artikeln und Posts aufweisen, wie z.B. Click-Bait Titel und Kommentare von anderen „Usern", sowie um Anzeigen, die für Produkte und insbesondere Online-Dienste in QualityLand werben. Kauft man die helle Version, so wird man von dem „analogen cookie" als Optimist eingestuft und bekommt also positive Artikel und Werbeanzeigen gezeigt, die alles zum Besten wenden – in diesem Fall bietet dann der Online-Service „Bücher nach deinem Geschmack" neue Klassiker wie „Buddenbrooks: Aufstieg einer Familie" oder „Die Freuden des jungen Werther" an[279]; wer im Gegensatz die dunkle Version erworben hat, gilt als Pessimist, erhält folglich Nachrichten von Katastrophen und Tragödien und kann sich z.B. die „traurigere" Version

---

[278] Cookiepro: „What is Cookie Profiling?", Web, [Zugriffsdatum: 31.01.2023].
[279] Marc-Uwe Kling: *QualityLand* [helle Version], Berlin: Ullstein, 2019, 98.

des russischen Klassikers von Tolstoi *Krieg und Frieden* „Krieg" bestellen.[280] Die Kommentare und Rezensionen, welche den Artikeln und Anzeigen folgen, spiegeln die Stimmung und Neigungen der jeweiligen Lesergruppe wider: enthusiastische und friedliche Kommentare auf der hellen und kritisch, teilweise auch rassistisch-populistische Äußerungen auf der dunklen Seite.

Solche analogen Pop-Up, man könnte sie so bezeichnen, personalisieren also das Buch für den/die jeweilige_n Leser_in und reproduzieren zugleich zwei Social-Media-Phänomene, die unser Wahrnehmungs- und Interaktionsvermögen unterbewusst und allmählich verändern: Einerseits unterbrechen die innerfiktionalen Paratexte, die im Buch einmontiert sind, die Lektüre der Haupthandlung, und spielen damit auf die Unmöglichkeit an, sich für längere Zeiten online sowie offline zu konzentrieren oder zu entspannen ohne von Nachrichten, E-Mails, oder Werbungen gestört oder abgelenkt zu werden.[281] Andererseits konkretisieren solche Artikel und Werbeanzeigen sowie jene Kommentare, die wiederholt bestimmte Meinungen, Ausdrücke und Stimmungen vorführen, das medienwissenschaftliche Konzept der Filterblase. Unter diesem Begriff versteht man „das Phänomen, dass Webseite und Plattformen mit Hilfe entsprechender Algorithmen den Einzelnen nur oder hauptsächlich Informationen und Meinungen einblenden, die mit den bisherigen Ansichten und Interessen weitgehend übereinstimmen."[282] Wer anfangs wegen seiner vielleicht doch unbewussten (oder forcierten, falls es nicht die beiden Versionen zur Verfügung standen) Entscheidung für die dunkle Version als Pessimist abgetan wurde, gelangt also unwillkürlich in eine Blase, in der sich nur Leute befinden, die die gleichen pessimistischen und negativen Ansichten teilen; dabei verschmälert sich unser Wahrnehmungshorizont erheblich, unsere Aufnahmefähigkeit für andere Meinungen sowie unsere aktive Kritikfähigkeit verkümmern und wir werden nach und nach von Algorithmen – und natürlich von den Menschen, die hinter ihnen stecken – indoktriniert, und zwar ohne dass wir es merken. Indem Kling das Verfahren einer „personalisierten Literatur" in die herkömmliche Literatur transponiert, entauthomatisiert er es und zeigt es in seiner kalkulierten Künstlichkeit: Damit verdeutlicht

---

[280] Marc-Uwe Kling: *QualityLand* [dunkle Version], Berlin: Ullstein, 2019, 100.
[281] Petra Kaminsky (dpa): „Unser Gehirn im digitalen Dauerstress", in: *Zdf*, 11.07.2019, Web, [Zugriffsdatum: 31.01.2023].
[282] DigitalWiki: „Filterblase", 2017, Web, [Zugriffsdatum: 31.01.2022].

er auf der einen Seiten die Gefahren, die gewissen Netzphänomene mit sich bringen, wobei sie unsere Freiheit – sei es die Freiheit zu planen, wie wir unsere Zeit verbringen wollen, oder die Freiheit anders zu denken – in der Tat einschränken und uns zu unbewussten Sklaven machen. In diesem Sinne stellt das Buch als solches die Materialisierung einer Dystopie dar, die in Wahrheit schon in unserer Gegenwart spielt. Auf der anderer Seite lässt sich Klings Werk als Plädoyer nicht so sehr gegen die Vorstellung einer von Maschinen verfassten Literatur[283] im Allgemeinen lesen, sondern eher gegen eine auf einzelne Leser_innen zugeschnittene „filterblaseartige" Literatur, welche jene Offenheit und Förderung nach Meinungsaustausch, die jedem literarischen Werk zugrunde liegen, eigentlich nur leugnen würde – also im Grunde genommen gar keine Literatur mehr wäre.

Wie die kurze Analyse gezeigt hat, versuchen Autor_innen wie Setz und Kling durch die Adaption digitaler Formate in ihren Werken, die Gefahren und Einschränkungen, welche die Künstlichkeit der digitalen Welt mit sich bringt, bloßzulegen und durch die produktive Künstlichkeit der herkömmlichen Literatur zu konterkarieren. Damit wollen sie aber weder ein vernichtendes Urteil über alle Formen von digitaler Literatur aussprechen, noch in ein Konkurrenzverhältnis mit den neuen Medien treten: Wie schon jenen Autor_innen, die in den 90er Jahren die Verfahren der Pop- und Techno-Musik in ihren Texten adaptierten, geht es Setz und Kling nämlich „darum, in der Aneignung und Transformation von Techniken [aus der digitalen Welt, A.G.] [...] Momente einer – nicht gegen das Mediale gerichteten, sondern im Medialen selbst angesiedelten – neuen literarischen Autonomie zu entdecken"[284] und damit Künstlichkeit in Kunst zu transformieren. Eine Kunst, die aber nicht nur um ihren Willen entsteht, denn so wie jene Werke, die im Digitalen und durch das Digitale entstehen, „zur Reflexion und Revision der durch die traditionellen Medien konditionierten Wahrnehmungsmodi [führen]"[285], zielen auch solche Nachahmungen

---

[283] In einem vorangestellten „Versionshinweis" wird der Roman selbst als „Version 1.6 des Werks" der „E-Poetin" Kalliope 7.3, also eines Androiden, ausgewiesen. Kling (Anm. 47), 6.

[284] Harro Segeberg: „Menschsein heißt, medial sein wollen. Autorinszenierung im Medienzeitalter", in: *Autorinszenierungen. Autorschaft und literarisches Werk im Kontext der Medien*, hg. von Christine Künzel und Jörg Schönert, Würzburg: Königshausen & Neumann, 245–255, hier 250.

[285] Heibach (Anm. 25), 195.

und Inszenierungen der digitalen Künstlichkeit im Analogen darauf ab, uns eine Abbildung unserer medial geprägten Realität – oder besser gesagt, um Auerbachs Worte[286] zu aktualisieren, eine Interpretation des „Hyperrealen" durch literarische Darstellung – vor die Augen zu setzen, die uns aus jener Trägheit des Denkens und des Fühlens reißen soll, welche den neuen, „medialen" Wahrnehmungsmodi zu schulden ist. Ihr Ziel liegt also darin, das zu gewährleisten, was Literatur schon seit immer am besten kann: Uns helfen, die Realität, in der wir leben, besser zu verstehen und zu meistern, und das Menschliche, das Natürliche, schlicht das Freie in uns gegen die Macht des Künstlichen wieder zu behaupten. Denn schließlich sind nicht nur Schriftsteller_innen „noch [...] mehr als die Summe [ihrer] Maschinen"[287], sondern wir alle.

---

[286] Erich Auerbach: *Mimesis. Dargestellte Wirklichkeit in der abendländischen Literatur*, Bern/München: Francke, 1977, 515: „Interpretation des Wirklichen durch literarische Darstellung".

[287] Matthias Politycki: „Digitale Schriftstellerei – der selbstverschuldete Ausgang des Menschen aus seiner Mündigkeit", in: *Schreiben am Netz. Literatur im digitalen Zeitalter*, 2 Bde., hg. von Johannes Fehr und Walter Grond, Innsbruck: Haymon, 2003, Bd. I, 172–178, hier 177/178.

www.ingramcontent.com/pod-product-compliance
Lightning Source LLC
Chambersburg PA
CBHW020128010526
44115CB00008B/1020